रेख़्ता के इन्शा

इन्शाअल्लाह ख़ान 'इन्शा'

अ'जीब लुत्फ़ कुछ आपस की छेड़-छाड़ में है
कहाँ मिलाप में वो बात जो बिगाड़ में है

रेख़्ता के इन्शा

संकलन:

फ़रहत एहसास

BOOKS राजकमल प्रकाशन

BOOKS
राजकमल प्रकाशन

रेख़्ता बुक्स
बी-37, सेक्टर - 1, नोएडा
उत्तर प्रदेश - 201301

rekhtabooks@rekha.org
www.rekhtabooks.com
www.rajkamalprakashan.com

रेख़्ता के इन्शा

संकलन : फ़रहत एहसास

ISBN : 978-81-948769-5-3

प्रथम संस्करण : 2021
पुनर्मुद्रण : 2021

फ़ॉन्ट : योगेश यूनि
मुद्रक : यश प्रिन्टोग्राफ़िक्स, नोएडा

आवरण एवं पुस्तक सज्जा
नीलिमा प्र आर्यन, रेख़्ता

सहयोग राशि : ₹199

ग़ज़ल के चलते हुए चाक
की रचनात्मक रफ़्तार
के नाम

एक और नया क़दम

'रेख़्ता फ़ाउन्डेशन' का बुनियादी काम, उर्दू शाइ'री के शब्द और अर्थ की ख़ूबसूरती, रंग-रस, संगीत, स्पर्श और ज़ाइक़े को ज़ियादा से ज़ियादा लोगों तक पहुँचाना और उन्हें इसके सम्पर्क में लाना है। इसीलिए 'रेख़्ता' वेबसाइट पर, उर्दू शाइ'री को दुरुस्त पाठ और मे'यारी चयन के साथ देवनागरी और रोमन लिपियों में भी पेश किया गया, ताकि उर्दू लिपि न जानने वाले उर्दू दोस्त भी अपनी महबूब शाइ'री के रचना-संसार में दाख़िल हो सकें।

यही मक़्सद 'रेख़्ता बुक्स' की स्थापना का भी प्रेरणा-स्रोत रहा है, जो बुनियादी तौर पर उर्दू शाइ'री और उसके प्रेमियों के दर्मियान किताब का पुल बनाने का प्रकाशन-प्रॉजेक्ट है। आगे चलकर इसका दायरा बढ़ाते हुए, दीगर विधाओं, ख़ास तौर पर कथा साहित्य, आत्म-कथाओं, यात्रा-वृत्तांतों वग़ैरह को भी इस प्रॉजेक्ट का हिस्सा बनाया जाएगा।

'ग़ज़ल उसने छेड़ी' शीर्षक के तहत, अब तक की अहम उर्दू शाइ'री का एक विस्तृत संकलन देवनागरी लिपि में प्रस्तुत करने के बा'द, 'रेख़्ता हर्फ़-ए-ताज़ा सीरीज़' की सूरत में एक और पेशक़दमी की गई जो उर्दू शाइ'री की मौजूदा नई रचनात्मक संभावनाओं को रूनुमाई का मौक़ा' देने पर केंद्रित है। इसके बा'द कल और आज के स्थापित, महत्वपूर्ण और प्रतिनिधि शाइ'रों के कलाम का इन्तिख़ाब, 'रेख़्ता नुमाइन्दा कलाम सीरीज़' के नाम से, पेश करने का सिलसिला जारी किया गया। इसके तहत अब तक बहुत सी अच्छी और ज़रूरी शाइ'री पेश की जा चुकी है।

अब एक और नई पेशकश। क्लासिकी शाइ'री, जो उर्दू शाई'री का प्राण-स्रोत अैर रचनात्मक बुनयाद है, देवनागरी लिपि में बहुत कम उपलब्ध है। कुछ 'मीर' और 'ग़ालिब', कुछ 'ज़ौक़' और 'दाग़' और थोड़ा बहुत कुछ और। दूसरी तरफ़, पाठकों की ओर से क्लासिकी शाइ'री की तलब तेज़ी से बढ़ रही है। इस तलब को उसकी मन्ज़िल तक पहुँचाने के लिए, 'रेख़्ता क्लासिकी सीरीज़' के तहत किताबों का एक नया सिलसिला प्रस्तुत है, जिस में कोशिश होगी कि सारे महत्वपूर्ण क्लासिकी शाइ'रों का पूरा चेहरा और रंग सामने लाया जाए। उम्मीद है इस सीरीज़ को भी आपका प्रेम और क़ुबूलियत हासिल होगी।

संजीव सराफ़

संस्थापक, रेख़्ता फ़ाउन्डेशन

फ़ेह्रिस्त

ग़ज़लें

लाहूत[1] पर न देखें जो क़ुदसियाँ[2] तमाशा
सो हमको है दिखाता इ'श्क़-ए-बुताँ[3] तमाशा
1 ब्रह्मलोक 2 पवित्र आत्माएँ, फ़रिश्ते 3 मूर्तियों / मा'शूक़ों हसीनों से प्रेम

टुक कीजे चश्म-ए-दिल[1] से याँ सैर मयकदे[2] की
हैगा अ'जब मज़े का पीर-ए-मुग़ाँ[3] तमाशा
1 दिल की आँख, अंतर्मन 2 शराबख़ाना 3 शराब-ख़ाने का मुखिया

अल्लाह री फ़साहत[1] अल्लाह री बलाग़त[2]
ऐसा कहाँ झमकड़ा[3] ऐसा कहाँ तमाशा
1 भाषा का सुंदर इस्ते'माल, सुंदर करने की कला 2 शे'र के अर्थ को दूसरों तक पहुँचाना 3 बहुत तेज़ रौशनी

शोख़ी अदा सो ऐसी जोश-ओ-ख़रोश इतना
बन्दिश[1] धुआँ[2] सो ये और तर्ज़-ए-बयाँ[3] तमाशा
1 शाइ'री / सेगती का शब्द-संयोजन 2 धुआँधार 3 बयान का अन्दाज़

दीवान[1] सैकड़ों हैं हमने तो देखे लकिन
उनमें नज़र पड़ा कब पाया जो याँ तमाशा
1 कविता-संग्रह

क्या ख़ूब वाह माशाअल्लाह[1] है अ'जब कुछ
दीवान-ए-मीर 'इन्शा अल्लाह ख़ाँ' तमाशा
1 जैसा ख़ुदा ने चाहा

❁

क्यों शह्र छोड़ आ'बिद[1] ग़ार-ए-जबल[2] में बैठा
तू ढूँडता है जिसको है वो बग़ल में बैठा

1 बहुत इ'बादत करने वाला 2 पहाड़ की गुफ़ा

दिल में समा रहा है यूँ दाग़-ए-इ'श्क़ अपने
जिस तर्ह कोई भौंरा होवे कँवल में बैठा

सब यार तेरे दम[1] का है ये शुमार[2] जो मैं
याँ एक कल[3] में उट्ठा और एक कल में बैठा

1 साँस 2 गिनती 3 पहलू

तार-ए-नफ़स[1] तिरे हाथ ऐ यार मुझको तूने
खींचा तो पल में उट्ठा छोड़ा तो पल में बैठा

1 साँस की डोरी

रहमत[1] ख़ुदा की 'इन्शा' सद-आफ़रीं[2] कि तुझसे
हर एक क़ाफ़िया[3] क्या गर्म इस ग़ज़ल में बैठा

1 कृपा / दया 2 बहुत मुबारक

❀

जिगर की आग बुझे जिससे जल्द वो शय[1] ला
लगा के बर्फ़ में साक़ी[2] सुराही-ए-मय[3] ला

1 चीज, वस्तु 2 शराब पिलाने वाला 3 शराब की सुराही

क़दम को हाथ लगाता हूँ उठ कहीं घर चल
ख़ुदा के वास्ते इतने तो पाँव मत फैला

निकल के वादी-ए-वहशत[1] से देख ऐ मज्नूँ
कि कैसी धूम से आता है नाक़ः-ए-लैला[2]

1 दीवानगी का वीराना 2 लैला की ऊँटनी

गिरा जो हाथ से फ़र्हाद[1] के कहीं तेशा[2]
दरून-ए-कोह[3] से निकली सदा-ए-वावैला[4]

1 प्रेम-कथा का नायक 2 कुदाल 3 पहाड़ के अन्दर 4 हाय हाय की आवाज़

नज़ाकत[1] उस गुल-ए-रा'ना[2] की देखियो 'इन्शा'
नसीम-ए-सुब्ह[2] जो छू जाए रंग हो मैला

1 कोमलता 2 सुंदर फूल / मा'शूक़ 2 सुब्ह की हवा

तुम जो कहते हो 'मुझे तूने बहुत रुस्वा[1] किया'
क्या गुनह[2] क्या जुर्म[3] क्या तक़्सीर[4] मैंने क्या किया
1 बदनाम 2 गुनाह 3 अपराध 4 गलती, भूल

वास्ता[1] बाइ'स[2] सबब[3] मूजिब[4] जिहत[5] कुछ बात है
राज़[6] वो कमबख़्त क्या था मैंने जो इफ़्शा[7] किया
1 संबंध, कारण 2,3,4,5 कारण 6 रहस्य 7 खोलना

क्या कहा किससे कहा किनने सुना कब किस घड़ी
किस जगह किस वक़्त किस दम[1] आपका चर्चा किया
1 पल

कुछ पता भी नाम उसका शक्ल कैसी वज़्अ'[1] क्या
जिस किसी ने आन कर मज़्कूर[2] इस ढब का किया
1 हुलिया 2 चर्चा

गब्र[1] है वो या मुसलमाँ या नसारा[2] या यहूद[3]
इस तरह का तज़्किरा[4] जिस शख़्स[5] ने मेरा किया
1 पारसी 2 ई'साई 3 यहूदी 4 चर्चा 5 व्यक्ति

शैख़ है वो या कि सय्यद या मुग़ल है या पठान
मूँछ दाढ़ी है कि मौला ने उसे खोसा[1] किया
1 दाढ़ी मूँछ के बिना

है जवाँ सा या वो अमरद[1] या कि बूढ़ा या अधेड़
मर्द है या हक़्क़-तआ'ला[2] ने उसे ख़ुन्सा[3] किया
1 वो लड़का जिसके मूँछ दाढ़ी न आई हो 2 ख़ुदा 3 हिजड़ा

नौकरी-पेशों[1] में है या अह्ल-ए-हिर्फ़ा[2] ऐ अ'ज़ीज़[3]
कौन है जिसने तुम्हें जा[4] से अजी बेजा[5] किया

1 नौकरी करने वाले 2 हस्त-शिल्पी 3 दोस्त 4 जगह, ठीक 5 ग़लत

कच-कचा को कोई ऐसा काट खाता है भला
हाल मेरा ये किया तूने न अब अच्छा किया

ख़ुद-बदौलत[1] तो न आए और 'इन्शा' रात भर
आप बिन रोया किया लोटा किया तड़पा किया

1 मत्लब सम्मानित व्यक्ति / मा'शूक़

जूँ ही का'बे से फ़क़ीरों ने उठाया बिस्तरा
झट दर-ए-बैतुस्सनम[1] पर जा बिछाया बिस्तरा

1 मंदिर का दरवाज़ा

क्या तअ'य्युन[1] हमको मन्ज़िल का कि हैं आज़ाद लोग
दिन जहाँ आख़िर हुआ बस वाँ लगाया बिस्तरा

1 निर्धारित होना

मन्का[1] ठन्का[2] सेली[3] तागा हो गया भसमंत सब
आह की धूनी ने सब अपना जलाया बिस्तरा

1 जापमाला 2 क़लन्दरों की जापमाला / सिमरन 3 कोड़ा

बह्र[1]-ए-ता'वीज़[2] उस परी-रू[3] को लगा लाया फ़क़ीर
या'नी इस तक़रीब[4] से अपना दिखाया बिस्तरा

1 के लिए 2 क़ुरानी आयतों वाला पर्चा 3 परी जैसा / मा'शूक़ 4 बहाने

बालकों बालों ने अक्सर अपने भी ऐ जिब्रईल[1]
सिदर:[2] के साए तले जा कर जमाया बिस्तरा

1 वो फ़रिश्ता जो ईश्वर के संदेश लाता था पैग़म्बर के पास 2 आस्मान जो जिब्रील का घर है / सातवें आस्मान पर बेरी का पेड़

दश्त[1] में अपने जो आया क़ैस[2] वहशत ने कहा
चल बे बे-वहदत[3] परे क्यों याँ तू लाया बिस्तरा

1 वीराना 2 मज्नूँ का नाम 3 एकेश्वरवाद पर आस्था न रखने वाला / मा'शूक़ के साथ एकाकार न होने वाला

उन क़लन्दर-मश्रबों[1] का वक़्त-ए-ख़ुश[2] 'इन्शा' जिन्हें
ख़ाक-ए-सहरा-ए-क़नाअ'त[3] पर ख़ुश[4] आया बिस्तरा

1 क़लन्दरी स्वभाव वाले 2 अच्छा समय 3 संतोष के वीराने की मिट्टी 4 अच्छा लगना

❁

वाँ झूट-मूट तुमने बनावट से ग़श[1] किया
हम सच-मुच ऐसे रोए कि याँ चट से ग़श किया

1 बेहोश होना

दरवाज़े से जो आप न निकले तो हमने आह
सर को पटक के रात को चौखट से ग़श किया

साक़ी[1] नहीं सुराही-ए-मय[2] की कुछ एहतियाज[3]
आगे ही हमने उसकी तो ग़ट-ग़ट से ग़श किया

1 शराब पिलाने वाला 2 शराब की सुराही 3 आवश्यकता

हो कर दो-चार[1], बात वो क्या कर सके भला
हो जिसने तेरे पाँव की आहट से ग़श किया

1 मिलकर

इतनी रची हुई है ये पर्दों मैं किसकी बास
यूँ मैंने गिर के शब[1] जो छपर-खट से ग़श किया

होती थी दिल को यूँ तो सदा बेख़ुदी[1] वले[2]
कुछ उसने आज और ही करवट से ग़श किया

1 आत्म-विस्मृति 2 लेकिन

'इन्शा' ग़ज़ल जो तर्ह हुई है सो अब वो पढ़
उसकी तो हमने ख़ूब सजावट से ग़श किया

❁

इस बन्दे की चाह देखिएगा
और उसका निबाह देखिएगा

मैं कैसे निबाहता हूँ तुमसे
इन्शा-अल्लाह[1] देखिएगा

1 अगर अल्लाह ने चाहा

फ़ौजें अश्कों[1] की तुल रही हैं
ये हश्मत-ओ-जाह[2] देखिएगा

1 आँसुओं 2 सच्चा वैभव

आ'शिक़ मुझे जान करते हैं क़त्ल
तक़्सीर-ओ-गुनाह[1] देखिएगा

1 दोष, अपराध

'इन्शा' से अब आप क्यों ख़फ़ा हैं
यूँ भर के निगाह देखिएगा

है तिरा गाल माल बोसे[1] का
क्यों न कीजे सवाल बोसे का

1 चुंबन

मुंह लगाते ही होंठ पर तेरे
पड़ गया नक़्श[1] लाल बोसे का

1 निशान

ज़ुल्फ़ कहती है उसके मुखड़े पर
हमने मारा है जाल बोसे का

सुब्ह रुख़्सार[1] उसके नीले थे
शब जो गुज़रा ख़याल बोसे का

1 गाल

जान निकले है ओ मियाँ दे डाल
आज वा'दा न टाल बोसे का

गालियाँ आप शौक़ से दीजे
रफ़्अ[1] कीजे मलाल[2] बोसे का

1 दूर करना 2 दुख

है ये ताज़ा शगूफ़ा[1] और सुनो
फूल लाया निहाल बोसे का

1 कली, छेड़ने वाली

देख 'इन्शा' ने क्या किया है क़हर
मुतहम्मिल[1] ये गाल बोसे का

1 मुसीबत 2 सहन-शक्ति रखने वाला

❁

दस्त-ए-जुनूँ[1] से ऐ वाए-वैला[2]
सोने न पाए टुक पाँव फैला

1 दीवानगी का हाथ 2 हाहाकार

जाम-ए-मय[1]-ए-इ'श्क़ मूँद आँख पी जा
है एक ही घूँट कड़वा कसैला

1 इ'श्क़ की शराब का प्याला

अब्र-ओ-हवा[1] है चमके है बिजली
मत रूठ साक़ी ला जाम-ए-मय[2] ला

1 बादल और हवा 2 शराब का प्याला

करते थे मज़्कूर[1] मेरा तुम्हारा
फ़र्हाद-ओ-शीरीं[2] मज्नून-ओ-लैला

1 चर्चा 2 शीरीं : फ़र्हाद का मा'शूक़

वो साफ़ मुखड़ा है क़हर[1] 'इन्शा'
क्योंकर[2] न अपना दिल होवे मैला

1 मुसीबत 2 कैसे

❁

फ़क़ीराना[1] है दिल मुक़ीम[2] उसकी रह[3] का
ग़रज़[4] क्या कि मुहताज[5] हो बादशह का

1 फ़क़ीर की तरह 2 स्थित, निवासी 3 राह 4 मत्लब 5 आश्रित, निर्भर भिखारी

ख़राबात[1] की जब से लज़्ज़त[2] पड़ी है
छुटा बैठना मस्जिद-ओ-ख़ानक़ह[3] का

1 मदिरालय 2 मज़ा 3 सूफ़ियों का केंद्र

तवाफ़-ए-हरम[1] तुझको ज़ाहिद[2] मुबारक
मिरा और तेरा नहीं साथ रह[3] का

1 का'बे की परिक्रमा 2 धर्म-परायण व्यक्ति

सनम-ख़ाने[1] जाता हूँ तू मुझको नाहक़[2]
न बहका न बहका न बहका न बहका

1 मंदिर / मा'शूक़ का घर 2 ग़लत तरीक़े से, अकारण

तिरी आश्नाई[1] में क्या हमने पाया
दिया नक़्द-ए-दिल[2] और अपनी गिरह[3] का

1 दोस्ती, चाहत 2 दिल की पूँजी 3 वो गाँठ जिसमें पैसे हों

कभी तुझसे 'इन्शा' ने बोसा[1] न माँगा
गुनहगार है वो फ़क़त[2] इक निगह का

1 चुंबन 2 केवल

❀

अच्छा जो ख़फ़ा हमसे हो तुम ऐ सनम अच्छा
लो हम भी न बोलेंगे ख़ुदा की क़सम अच्छा

मश्ग़ूल[1] किया चाहिए इस दिल को किसी तौर
ले लेवेंगे ढूँड और कोई यार हम अच्छा

1 व्यस्त

गर्मी ने कुछ आग और भी सीने में लगाई
हर तौर[1] ग़रज़[2] आपसे मिलना है कम अच्छा

1 तरह से 2 मत्लब ये कि

हम मो'तकिफ़-ए-ख़ल्वत-ए-बुत-ख़ाना[1] हैं ऐ शैख़[2]
जाता है तो जा तू पए-तौफ़-ए-हरम[3] अच्छा

1 मूर्ति घर के एकांत में पूजा-रत 2 धर्मगुरू 3 का'बे के परिक्रमा करने

इस हस्ती-ए-मौहूम[1] से मैं तंग हूँ 'इन्शा'
वल्लाह[2] कि इससे ब-मरातिब[3] अ'दम[4] अच्छा

1 भ्रमात्मक अस्तित्व 2 ख़ुदा की क़सम 3 कई गुना 4 नश्वरता, शून्य, मौत

है ज़ुल्म[1] उसको यार किया हमने क्या किया
क्या जब्र[2] इख़्तियार[3] किया हमने क्या किया

1 अत्याचार 2 मज्बूरी 3 ग्रहण करना, अपनाना

वहशत[1] ये देख नासेह[2]-ए-मुश्फ़िक़[3] ने जो कहा
हर्गिज़[4] न ज़ीनहार[5] किया हमने क्या किया

1 पागलपन 2 धर्म उपदेशक 3 करूणा वात्सल्य से भरा 4,5 कभी भी

बाहम दिगर जो थी ख़फ़गी[1] सब गई उसे
बे-इख़्तियार[2] प्यार किया हमने क्या किया

1 नाराज़ होना 2 बे-क़ाबू हो कर

आज़ादगी[1] को सल्तनत-ए-मुल्क-ए-इ'श्क़[2] का
मुख़्तार-ए-कारोबार[3] किया हमने क्या किया

1 आज़ादी 2 इश्क़ के देश का शासन 3 अधिकार-संपन्न

रह-रह के दिल में आवे है 'इन्शा' यही कि क्यों
इस दिल को बे-क़रार[1] किया हमने क्या किया

1 बेचैन

मुझे क्यों न आवे साक़ी नज़र आफ़्ताब[1] उल्टा
कि पड़ा है आज ख़ुम[2] में क़दह[3]-ए-शराब उल्टा
1 सूरज 2 शराब की सुराही 3 शराब का प्याला

अ'जब उल्टे मुल्क के हैं अजी आप भी कि तुम से
कभी बात की जो सीधी तो मिला जवाब उल्टा

चले थे हरम[1] को रह में हुए इक सनम[2] के आ'शिक़
न हुआ सवाब[3] हासिल[4] ये मिला अ'ज़ाब[5] उल्टा
1 का'बा 2 मूर्ति, मा'शूक़ 3 पुण्य 4 प्राप्त 5 पाप

ये शब-ए-गुज़िश्ता[1] देखा वो ख़फ़ा से कुछ हैं गोया[2]
कहें हक़[3] करे कि होवे ये हमारा ख़्वाब उल्टा
1 पिछली रात 2 जैसे, बोलना 3 ख़ुदा

अभी झड़ लगा दे बारिश कोई मस्त बढ़ के ना'रा
जो ज़मीं प फेंक मारे क़दह-ए-शराब उल्टा

ये अ'जीब माज्रा[1] है कि ब-रोज़-ए-ई'द[1]-ए-क़ुर्बां[2]
वही ज़ब्ह भी करे है वही ले सवाब उल्टा
1 घटना, मामला 2 बक़रीद के दिन

ग़ज़ल और क़ाफ़ियों में न कहे सो क्योंकर[1] 'इन्शा'
कि हवा ने ख़ुद-ब-ख़ुद आ वरक़[1]-ए-किताब उल्टा
1 कैसे 2 किताब का पन्ना

दीवार फाँदने में देखोगे काम मेरा
जब धम से आ कहूँगा साहब सलाम मेरा

हम-साए[1] आपके मैं लेता हूँ इक हवेली
इस शह्‌र में हुआ जो चन्दे[2] क़याम[3] मेरा

1 पड़ोस में 2 कुछ देर / दिन 3 निवास

जो कुछ कि अ'र्ज़[1] की है सो कर दिखाऊँगा मैं
वाही[2] न बात समझो यूँ ही कलाम[3] मेरा

1 कहना 2 निरर्थक 3 बात / शाइ'री

अच्छा मुझे सताओ जितना कि चाहो मैं भी
समझूँगा गर है इन्शा-अल्लाह नाम मेरा

मैं ग़श[1] हुआ कहा जूँ साक़ी ने मुझसे हँस कर
ये सब्ज़[2] जाम तेरा और सुर्ख़[3] जाम मेरा

1 बेहोश 2 हरा 3 लाल

पूछा किसी ने मुझको उनसे कि कौन है ये
तो बोले हँस के ये भी है इक ग़ुलाम मेरा

ऐ इ'श्क़ जल्वागर[1] है ख़ुद तुझमें ज़ात-ए-मौला[2]
वस्साबिहाति[3] सब्हा फ़स्साबिक़ाति सब्क़ा

1 रौशन 2 ईश्वर 3 क़ुर्आन की आयत अर्थात उनकी क़सम जो ख़ुदा के हुक्म से तेज़ी से भागते हैं

जो शख़्स[1] ज़ब्ह:[2] सा हो ख़िदमत[3] में याँ तुम्हारी
क्योंकर[4] न फिर वो देखे लाहूत[5] का तमाशा

1 व्यक्ति 2 माथा 3 सेवा 4 कैसे 5 ब्रह्मलोक

फ़र्मा[1] दें आप जो कुछ हक़्क़ा[2] कि वो ही सच है
ऐ मेरे पीर-ओ-मुर्शिद[3] हाँ बादशाह दाता

1 कह दें 2 ख़ुदा की क़सम 3 गुरू

गर हुक्म[1] हो तो साईं सुल्फ़े का दम लगा कर
फटकारूँ और भी मैं सब्ज़े[2] को एक कोड़ा

1 आज्ञा 2 हरी घास / भाँग

कर्रूबियाँ[1] तुम्हें सब क्यों पेश्वा[2] न समझें
रूहुल-क़ुदुस[3] है अदना[4] इक बालका तुम्हारा

1 फ़रिश्ते 2 नेता 3 जिब्रील 4 तुच्छ

इतना न फटके फिरिए तश्रीफ़[1] लाइए भी
हज़रत-सलामत[2] 'इन्शा' है आप ही का चेला

1 आइए (सम्मान-सूचक संबोधन) 2 श्रीमान-महोदय

जो हाथ अपने सब्ज़े[1] का घोड़ा लगा
तो सुल्फ़े का और उसको कोड़ा लगा

1 हरी घास / भाँग

मिरे है जो बाज़ू में इक नील सा
सो तेरे ही पाँवो का तोड़ा[1] लगा

1 पायल

अजी चश्म-ए-बद-दूर[1] नाम-ए-ख़ुदा[2]
तुम्हें क्या भला सुर्ख़[3] जोड़ा लगा

1 बुरी नज़र दूर रहे 2 ख़ुदा के नाम से 3 लाल

भला आप शर्माए किस वास्ते
कबूतर का बाहम[1] जो जोड़ा लगा

1 आपस में

ये दुखती निगाहों से घूरा मुझे
कि दुखने मिरे दिल का फोड़ा लगा

लगी कहने 'इन्शा' को शब[1] वो परी
मुझे भूत हो ये निगोड़ा लगा

1 रात

किया जो खेत[1] आज चाँदनी ने मुराद[2] अपनी प चाँद निकला
तो एक साक़ी भी घर से अपने शराब की भर के नाँद निकला
1 चाँदनी का निकलना 2 अभिलाषा

जहाँ के थे राजा भरथरी[1] जी कुआँ बनाने को वाँ किसी ने
ज़मीन खोदी तो एक जोगी धरे हुए सर प नाँद निकला
1 भर्तृहरी

जो ठन्डे-ठन्डे चले है ऐ आह छाँव तारों की चल निकल तू
गुलों की निक्हत का क़ाफ़िला भी चमन से अब लाद-फाँद निकला
1 सुगंध

बहुत संभाला कि नाला[1] अपना बढ़े न चर्ख़-ए-बरीं[2] से लेकिन
सितारे जितने छिटक रहे थे सभों को वो रौंद-राँद निकला
1 रूदन 2 सबसे ऊँचा आस्मान

ख़याल था उनको माह-ए-नौ[1] का तो किस मज़े से वो कह रहे थे
टुक अपने कोठे प देख 'इन्शा' कहीं भी है आज चाँद निकला
1 नया चाँद

❁

चल न अमरइयों[1] में झूलें लें दरख़्तों[2] की हवा
छा गई काली घटा है तीरा-बख़्तों[3] की हवा

1 आम का बाग़ 2 पेड़ों 3 अभागे लोग

रात दी थी उसकी चौकी सो मिरे दामन में आज
रच रही है सैकड़ों परियों के तख़्तों की हवा

सर्व-क़द[1] जो लोग हों बच खेल ऐ दिल उनसे तू
सख़्त करती है दिलों को उन करख़्तों[2] की हवा

1 सीधे, ऊँचे पेड़ की तरह क़द-क़ामत वाले 2 कठोर स्वभाव वाले

शैख़[1] ये बरसात है मुझसे परे टुक हो के बैठ
आदमी को जिन[2] करे है तेरे रख़्तों[3] की हवा

1 धर्म गुरू 2 इन्सानों जैसे मगर अदृष्य जीव 3 तेरे सामान

हेर-फेर आता है 'इन्शा' वो ही मिस्रा' मुझको याद
चल न अमरइयों में झूलें लें दरख़्तों की हवा

❀

अरे ऐ जुनून-ए-जहाँ-कुशा[1] मुझे उसकी टाप से मत डरा
ये तिरा जो तोसन-ए-शौक़[2] है उसे अपने और कहीं कुदा

1 दुनिया को खोलने / फैलाने वाला, पागलपन 2 प्रेम रूपी घोड़ा

दिल-ए-क़ैस[1] क्योंकि[2] न ग़श करे सुने आह जब कि वो सदमः-कश[3]
कि वो उसकी लैलः-ए-माहवश[4] हुई और शख़्स से कद-ख़ुदा[5]

1 मजनूँ का दिल 2 किस तरह 3 दुखी 4 चाँद जैसी लैला 5 शादी होना

न किसी के साथ दिला[1] अटक हरम[2] और दैर[3] में मत भटक
दर-ए-मयकदः[4] से ही सर पटक यहीं तुझको होवेगी वाशुदा[5]

1 ऐ दिल 2 मस्जिद 3 मंदिर 4 शराबख़ाने की चौखट 5 खुलना / दिल की प्रफुल्लता

मुझे आफ़त[1] आ के न घेर ले कि गुनाह भी हैं बहुत किए
मुझे एक कश्ती-ए-बादः[2] दे अरे ऐ जहाज़ के नाख़ुदा[3]

1 मुसीबत 2 शराब का प्याला रखने की थाली 3 मल्लाह

रह-ए-इत्तिक़ा[1] से भला सो क्या कि रिया[2] से मैं नहीं आश्ना
कहीं 'इन्शा' आन के मय पिला मुझे उनके जुम्रे[3] से कर जुदा

1 संयम-धर्म का रास्ता 2 दिखावा 3 श्रेणी

❀

दिल-ए-सितम-ज़दा[1] बेताबियों ने लूट लिया
हमारे क़िब्ले[2] को वह्हाबियों[3] ने लूट लिया

1 दुखी दिल 2 का'बा / इस्लाम का धार्मिक केंद्र 3 कट्टर पंथी मसलमान

कहानी एक सुनाई जो हीर-राँझा की
तो अह्ल-ए-दर्द[1] को पंजाबियों ने लूट लिया

1 दर्द भरा दिल रखने वाले

ये मौज-ए-लालः[1]-ए-ख़ुद-रौ नसीम[2] से बोले
कि कोह-ओ-दश्त[3] को सैराबियों[4] ने लूट लिया

1 फूल की ख़ुद फैलने वाली ख़ुश्बू 2 सुब्ह की हवा 3 पहाड़ और जंगल 4 बहुत ज़ियादा हरियाली / तरी

सबा[1] क़बीलः-ए-लैला में उड़ गई ये ख़बर
कि नाक़ः[2] नज्द[3] के आ'राबियों[4] ने लूट लिया

1 अच्छी हवा 2 ऊँटनी 3 अरब का इलाक़ा जहाँ मज्नूँ दीवानगी में फिरता था था 4 अ'रब के देहाती लोग

किसी तरह से नहीं नींद आती 'इन्शा' को
इसी ख़याल में बे-ख़्वाबियों[1] ने लूट लिया

1 नींद न आना

❀

वो दो ज़ुल्फ़ें नहीं हैं एक काले नाग का जोड़ा
बनाया जिनकी फ़ुंकारी को हक़[1] ने आग का जोड़ा

1 ख़ुदा

न क्योंकर बन के बन टेसू[1] के फूलों के नज़र आवें
जो जंगल जी से जोगी आप लेवें भाग का जोड़ा

1 ढाक / पलाश

उन्हें क्या ने'मत-ए-अल्वाँ[1] से जिनको अ'र्श[2] से उतरा
यही इक जौ की रोटी और उबाले साग का जोड़ा

1 तरह तरह की ईश्वरीय देन / अच्छी चीज़ें, वरदान 2 आस्मान

महाराजा जहाँ चुगते थे मोती हंस के जोड़े
वहाँ का अब शिरी[1] ठाकुर बना है काग[2] का जोड़ा

1 श्री 2 कव्य

लगा दे दूँ[1] सी उस जंगल को बस इक दो ही आहों में
ये धर-पत[2] क़हर कुछ 'इन्शा' ने दीपक-राग[3] का जोड़ा

1 आग 2 ध्रुपद 3 वह राग जिसे गाने से दिया जल जाए

नहीं चाहिए शर्म इतनी बहुत
कि मज्लिस[1] में बन बेठिए जैसे बुत[2]
1 सभा 2 मूर्ति

बनाते हैं हम तुमको क्या शैख़[1] जी
ज़रा आने दीजे तो होली की रुत
1 धर्म गुरू

बहम[1] सब्र[2]-ओ-शोरिश[3] के क्योंकर बने
कि ये कम से कम वो बहुत से बहुत
1 एक साथ 2 धैर्य 3 हंगामा

कुँवर जी भी ठाकुर के ऐसे ही हैं
हनूमान जैसे महेशर के सुत[1]
1 बेटा

ग़ज़ल लिख अब 'इन्शा' तू एक और भी
कि ये क़ाफ़िये हैं अनोखे अछुत

❀

कुछ इशारा जो किया हमने मुलाक़ात के वक़्त
टाल कर कहने लगा दिन है अभी रात के वक़्त

सरसरी[1] आपके तशरीफ़ ले आने से हुसूल[2]
मैं तो तब जानूँ कि आ जाओ कभी घात के वक़्त

1 जल्दी-जल्दी / ठहरे बिना 2 फ़ायदा

ग़ैर[1] से करते थे आँखों में अभी बातें तुम
हम भी आ पहुँचे हैं क्या ऐ'न[2] इशारात[3] के वक़्त

1 रक़ीब / मा'शूक़ का अन्य आ'शिक़ 2 ठीक, उसी वक़्त 3 इशारों

गरचे[1] मय पीने से की तौबा है मैंने साक़ी
भूल जाता हूँ वले[2] तेरी मुदारात[3] के वक़्त

1 यद्यपि 2 लेकिन 3 आदर सत्कार

आवे ख़ातिर[1] में जहाँ आप फिरा कीजे यूँ
पास उस बन्दे के आ रहिए पर उस बात के वक़्त

1 दिल

क्या करूँ पास-ए-अदब[1] से हूँ निहायत[2] लाचार
वर्ना[3] कुछ और ही सूझे है मुझे लात के वक़्त

1 शिष्टाचार का ध्यान 2 अत्यंत 3 नहीं तो

मौसम-ए-ऐ'श[1] है ये अ'हृद-ए-जवानी[2] 'इन्शा'
दूर हैं तेरे अभी जोहृद[3]-ओ-इ'बादात के वक़्त

1 मज़े करने के दिन 2 जवानी का ज़माना 3 पूजा-पाठ

तूने लगाई आ के ये क्या आग ऐ बसंत
जिससे कि दिल की आग उठी जाग ऐ बसंत

कैफ़िय्यत[1]-ए-बहार की तू उसको दे ख़बर
मौज-ए[2]-नसीम की तरह उड़ लाग ऐ बसंत

1 बसंत ऋतु का आनंद 2 हवा का झोंका

हर शाख़[1] ज़र्द[2]-ओ-सुर्ख़[3]-ओ-सियह[4] हिज्र[5]-ए-यार में
डसते हैं दिल को आन के जूँ नाग ऐ बसंत

1 टहनी 4 पीली 3 लाल 4 काली 5 विरह

मुंह देखो आ'शिक़ों के मुक़ाबिल[1] ही रंग में
बांधी है मुझसे किसलिए तू लाग ऐ बसंत

1 सामने

तुझमें कहाँ ये बू-क़लमूनी[1] कहाँ ये रंग
दश्त-ओ-जबल[2] को ख़ैर से अब भाग ऐ बसंत

1 विविधता 2 जंगल और पहाड़

जूँ तार-ए-चंग[1] छेड़ न 'इन्शा' को बात में
तेरा सुना हुआ है ये खटराग ऐ बसंत

1 चंग नाम के एक साज का तार

मस्तान:[1] जो मैंने क़दह-ए-बंग[2] चढ़ाया दर[3] आ'लम-ए-वहशत[4]
तब ख़िज़्र[5] पुकारा कि हनिय्यन व मरियन[6] अब देख हलावत[7]

1 मस्ती में 2 भंग का प्याला 3 में 4 दीवानगी की हालत में 5 वह पैग़म्बर जो भटके हुओं को रास्ता दिखाते हैं 6 वाह वाह मुबारक 7 मिठास

है जी में फ़क़ीरों की तरह खींच लंगोटा, और बांध के तहमत
जा कुन्ज-ए-ख़राबात[1] में टुक घोंटिए सब्ज़ा[2] यूँ कीजे इ'बादत

1 मदिरालय के कोने में 2 हरी घास / भाँग

ऐ हज़रत-ए-इ'श्क़[1] आइए साईं अजी मौला[2], याँ कीजे इ'नायत[3]
मुर्शिद[4] मिरे मालिक मिरे हादी[5] मिरे दाता, दीजे मुझे ने'मत[6]

1 इ'श्क़ महोदय 2 मालिक 3 कृपा 4 गुरू 5 राह दिखाने वाला 6 अच्छी चीज़ें

माथे प मिरे ख़त[1] अलिफ़[2]-अल्लाह[3] का खींचो, सौंपो मुझे बिस्तर
तुम मोंड-गुरू[4] पीर ये बन्दा हुआ चेला, जी से करे ख़िदमत[5]

1 रेखा 2 उर्दू का पहला अक्षर 3 अल्लाह का अलिफ़ जो क़लन्दर लोग माथे के भभूत पर बनाते थे 4 पहुँचा हुआ गुरू 5 सेवा

दरवेश-ए-बलानोश[1] बला-चट हैं गियाँ दोस्त, पीनक[2] में जो आतें
अफ़ई'[3] को मसल कर करें अफ़्यून[4] का घोला, हैं ऐसी ही आफ़त

1 बहुत शराब पीने वाले फ़क़ीर 2 नशे की मस्ती 3 साँप 4 अफ़ीम

गाढ़े हैं हम उससे भी जो ख़त्के[1] को हिला कर, ललकारे था यूँहीं
देता हूँ हिला कंगुर:-ए-अ'र्श-[2]ए-मुअ'ल्ला, रखता हूँ ये ताक़त

1 भंग घोंटने की लकड़ी 2 सबसे ऊँचे आस्मान की चौटी

आज़ादों[1] के लहजे में ग़ज़ल तूने सुनाई, अज़-बह्र-ए-तफ़न्नुन[2]
अब अपनी तो बोली के कुछ अश्आ'र[3] कह 'इन्शा' हो जिसमें ज़राफ़त[4]

1 समाजिक / धार्मिक मान्यताओं को न मानने वाले लोग 2 हँसन-हँसाने के लिए 3 शे'र (बहुवचन) 4 हास्य-विनोद

है नाम-ए-ख़ुदा वाछड़े[1] कुछ रोज़ तमाशा, ये आपकी रंगत
गात[2] ऐसी ग़ज़ब क़हर फबन[3] और झमकड़ा[4] अल्लाह की क़ुदरत[5]

1 शाबाश, वाह-वाह 2 जिस्म 3 सज-धज 4 तेज़ रौशनी 5 लीला

इल्हाद[1]-ओ-तसव्वुफ़[2] में जो था फ़र्क़[3] बहम[4] याँ, अस्लन[5] न रहा कुछ
पर्दा जो तअ'य्युन[6] का मोहब्बत ने उठाया, कसरत[7] हुई वहदत[8]

1 नास्तिकता 2 सूफ़ीवाद 3 अंतर 4 परस्पर 5 वास्तव में 6 सांसारिक आवरण 7 विविधता 8 एकता

का'बे का करूँ तौफ़[1] कि बुतख़ाने को जाऊँ, क्या हुक्म है मुझको
इर्शाद[2] मिरे हक़ में भी कुछ होवेगा आया[3], ऐ पीर-ए-तरीक़त[4]

1 परिक्रमा 2 कहना, आदेश 3 क्या 4 सूफ़ी, पीर

हूँ पर्तब-ए-रूहुल-क़ुदुस[1] इस अ'ह्द[2] में मैं भी, ई'सा की तरह से
यूँ चाहिए बेसाख़्त:[3] रुहबान-ए-कलीसा[4], मेरी करे बैअ'त[5]

1 जिब्रील नामक फ़रिश्तों का प्रतिबिंब 2 ज़माने 3 सहसा 4 गिरजा-घर के संत 5 शिष्य बनना, आज्ञा-पालन का प्रण

दीवार-ए-चमन[1] फाँद के पहुँचे जो हम उन तक, इक ताक[2] की ओझल[3]
तरसाँ[4] हो ये फ़र्माने[5] लगे कूट के माथा, ऐ वाए[6] फ़ज़ीहत[7]

1 बाग़ की दीवार 2 अंगूर की बेल 3 ओट 4 डरना 5 कहने 6 अफ़्सोस 7 बदनामी

ख़ुर्शीद[1] छुपा शाम हुई शैख़[2] जी साहब, अब देखिए क्या हो
चिड़ियों ने लिया आ के दरख़्तों[3] प बसेरा, चूँ चूँ करो हज़रत[4]

1 सूरज 2 धर्म गुरू 3 पेड़ों 4 श्रीमान, महोदय

शब महफ़िल-ए-होली में जो वारिद[1] हुआ ज़ाहिद[2] रिन्दों[3] ने लिपट कर
दाढ़ी को दिया उसकी लगा बज़्रक़तूना[4] और बजने लगी गत

1 आना 2 धर्म-परायण व्यक्ति 3 शराब पीने वाले 4 इसबग़ोल

इन आँखों को मैं हल्क़:[1]-ए-ज़न्जीर करूँगा ऐसा ही बला हूँ
छोड़ूँ हूँ कोई आपके दरवाज़े की चौखट जब तक न खुलें पट

1 जंजीर की कड़ी

मर जाए लहू चाट न गूँगा हो वो क्योंकर[1] जो शख़्स[2] कि देखे
सुर्ख़ी[3] तिरी आँखों की और अब्रू[4] की खिंचावट, सुर्मे की घुलावट

1 कैसे 2 व्यक्ति 3 लाली 4 भँवें

है मा'दन[1]-ए-अन्वार[2]-ए-इ'लाही[3] दिल-ए-आ'शिक़, सोचो तो अ'ज़ीज़ो[4]
इस छोटी सी जागह में ये वुस्अ'त[5] ये समावट[6], अल्लाह रे जमघट

1 खान, ख़ज़ाना 2 प्रकाश 3 ईश्वर 4 प्रियलोग 5 विस्तार 6 समा लेने की क्षमता

क्या फबती है ऐ नाम-ए-ख़ुदा बाछड़े[1] आहा, होठों प तुम्हारे
इक बोसे[1] के सदमे से धुआँ-धार निलाहट[2], मिस्सी[3] की उदाहट

1 चुंबन 2 नीलापन 3 दाँत रंगने का पाउडर 4 बैगनी रंग

मत छेड़ो मुझे देखो अभी कहने लगोगे, अच्छा किया तुमने
चोली मिरी टुकडे हुई दामन भी गया फट, लग जाएगी ये रट

है नूर-ए-बसर[1] मर्दुमक-ए-दीद:[2] में पिन्हाँ[3], यूँ जैसे कन्हैया
सो अश्क के क़त्रों से पड़ा खेले है झुरमट, और आँखें हैं पनघट

1 आँखों की रौशनी 2 आँख की पुतली 3 छुपा हुआ

ऐ इ'श्क़ अजी आओ महाराजों के राजा, डंडौत है तुमको
कर बैठे हो तुम लाखों करोड़ों ही के सर चट, एक आन में झट-पट

1 डंडवत 2 पल

❁

लगी ग़ुलैल से अब्रू[1] की दिल के दाग़ को चोट
पर ऐसी है कि लगे तड़ से जैसे ज़ाग़[2] को चोट

1 भँवें 2 कौआ

हमारी आह से अग़लब[1] कि लग गई होगी
किसी के सीनः-ए-दीवार-ए-ख़ानः-बाग़ को चोट

1 बहुत संभावित

बता कि हाल तिरा क्या हो ऐ नसीम[1] अगर
ख़ुदा-नख़्वास्तः[2] पहुँचे किसी अयाग़[3] को चोट

1 सुब्ह की हवा 2 ख़ुदा न करे 3 प्याला

किसी के घर को अंधेरा न कर ख़ुदा-वन्दा[1]
किसी तरह की न पहुँचे किसी चराग़ को चोट

1 ऐ ख़ुदा

ये सोच है कहीं 'इन्शा' नसीम से न लगे
शमीम[1]-ए-नर्गिस-ए-बीमार[2]-ए-कम-दिमाग़[3] को चोट

1 ख़ुश्बू 2 नर्गिस-ए-बीमार: एक फूल जिसे बीमार कहा जाता है / मा'शूक़ की आँख का रूपक 3 जल्दी ग़ुस्सा होने वाला, असहिष्णु

❀

जिसको कुछ धुन हो करे हमसे हक़ीक़त[1] की बह्स
कि हमीं जानते हैं अह्ल-ए-तरीक़त[2] की बह्स

1 ब्रह्मज्ञान, शरीअ'त (धार्मिक क़ानून) 2 सूफ़ीवादी, जो धर्म के आंतरिक पहलू पर जोर देते हैं

क़ाज़िया[1] हाथ बढ़ा शीशः-ए-सहबा[2] तो उतार
ताक़-ए-निस्याँ[3] प तू रहने दे शरीअ'त[4] की बह्स

1 क़ाजी / धर्म अधिकारी 2 शराब की सुराही 3 विस्मृति का कोना 4 धर्म के नियम

कर दिया मुज्तहिद-ए-वक़्त[1] को क़ातिल झट-पट
हमने मस्जिद में कल ऐसे ही क़यामत[2] की बह्स

1 अपने समय में धर्म की नई व्याख्या करने वाला 2 प्रलयकारी, हंगामा करने वाली

बज़्म-ए-रिन्दाना[1] में क्या जुह्द-ओ-वरा'[3] का चर्चा
शैख़[3]-साहब है बहुत ये रिन्दानातो हिमाक़त[4] की बह्स

1 शराब की महफ़िल 2 धर्म-परायणता / संयम-नियम 3 धर्म गुरू 4 मूर्खता

बू-अ'ली[1] साथ कोई बोलते 'इन्शा' को सुने
रोज़ होती है बहम[2] अह्ल-ए-बलाग़त[3] की बह्स

1 प्रसिद्ध दार्शनिक बू-अ'ली सीना 2 आपस में 3 काव्य और साहित्यिक भाषा जानने वाले

❁

मज़्रा-ए'-यास[1] से हासिल[2] हुए हंगाम-ए-दिरौ[3]
दाग़ के फूल फल अफ़्सोस[4] के हैहात[5] के बीज

1 निराशा की खेती 2 प्राप्त 3 फ़स्ल की कटाई के समय 4 दुख 5 दुख व्यक्त करने वाला शब्द

गर[1] सहाब-ए-मिज़्ह[2] अपना न बरसता ऐ अब्र[3]
तो न उगते कभी अक़्साम-ए-नबातात[4] के बीज

1 अगर 2 पलकों का बादल 3 बादल 4 तरह तरह के पेड़ पौधे

तारे दो चार जो आते हैं नज़र अव्वल-ए-शाम[1]
छिटके हैं किश्त-ए-फ़लक[2] बीच यही रात के बीज

1 शाम होते ही 2 आस्मान की खेती

बोए जो दानः-ए-अश्क[1], उसकी हरी खेती है
हैं यही अपने तो नज़्दीक[2] इ'बादात[3] के बीज

1 आँसुओं के बीज 2 लिए 3 पूजा

रो के 'इन्शा' ने दिखा दी मुझे लाहूत[1] की सैर
थे मगर तुख़्म-ए-सरिश्क[2] उसकी करामात[3] के बीज

1 ब्रह्मलोक 2 आँसुओं के बीज 3 चमत्कार

जो बात तुझसे चाहे है अपना मिज़ाज[1] आज
क़ुर्बान तेरे कल प न टाल आज आज आज

दहकी है आग दिल में बड़े इश्तियाक़[1] की
तेरे सिवाए[2] किससे हो इसका इ'लाज आज
1 कामना 2 अतिरिक्त

है फ़ौज फ़ौज-ए-ग़म्ज़ः[1]-ओ-अन्दाज़ तेरे साथ
इक़्लीम-ए-नाज़[2] का है तुझे तख़्त-ओ-ताज[3] आज
1 अदाओं और अन्दाज़ की फ़ौज 2 अदाओं और अभिमान का राज्य 3 शासन / सत्ता

ख़ूबान-ए-रोज़गार[1] मुक़ल्लिद[2] तिरे हैं सब
जो चीज़ तू करे सो वो पावे रिवाज[3] आज
1 दुनिया भर के सुंदर मा'शूक़ 2 अनुयायी 3 चलन

आब[1]-ए-ज़ुलाल[2]-ए-वस्ल[3] से अन्दोह[4]-ए-दर्द-ए-हिज्र[5]
नापैद[6] घुल के होता है क्या मिस्ल-ए-ज़ाज[7] आज
1 पानी 2 शुद्ध 3 मिलन 4 दुख 5 विरह का दुख 6 ग़ायब 7 फिटकरी की तरह

'इन्शा' से अपने और ये इन्कार हैफ़[1] है
लाया है वो कभी न कभी एहतियाज[2] आज
1 अफ़्सोस 2 ज़रूरत

❀

न लगी मुझको जब उस शोख़-ए-तरह-दार[1] की गेंद
उसने महरम[2] को संभाल और ही तय्यार की गेंद

1 चंचल, बाँका मा'शूक़ 2 चोली

झट पलट आ जो लगी बीच में छाती के तिरे
थी ये रोकी हुई किस महरम-ए-अस्रार[1] की गेंद

1 रहस्य जानने वाला

गेंद-बाज़ी[1] में महारत[2] है ये तुझको कि तिरे
गोमती पार तलक पहुँचे है अब वार की गेंद

1 गेंद खेलना 2 निपुणता

शाल रूमाल की तो चोट मुझे कुछ न लगी
अब बना फेंकिए कम-ख़्वाब[1] की शलवार की गेंद

1 एक कपड़े का नाम

खींच मारूँ जो इस आह-ए-दिल[1]-ए-सोज़ाँ का ख़दंग[2]
तो बना डालूँ अभी बर्क़-ए-शरर[3]-बार की गेंद

1 दुखी दिल की आह 2 तीर 3 चिंगारियाँ, बरसाती बिजली

लगे फ़र्माने वो मल-दल ग़ज़ल-ए-'इन्शा' को
वाह क्या ख़ूब बनी काग़ज़-ए-अश्आ'र[1] की गेंद

1 वो काग़ज़ जिस पर शे'र लिखे हों

❁

हज़रत-ए-इ'श्क़[1] इधर कीजे करम[2] या मा'बूद[3]
बाल-गोपाल हैं याँ आपके हम या मा'बूद

1 इ'श्क़ महोदय 2 कृपा 3 इ इष्ट देव / पूजा-योग्य

बन्दा-ख़ाने[1] में अजी लाइए तश्रीफ़-ए-शरीफ़[2]
आ के रख दीजे इन आँखों प क़दम या मा'बूद

1 ग़ुलाम के घर 2 प्रतिष्ठित आगमन

नफ़ि'-ए-इस्बात[1] के शाग़िल[2] जो क़लन्दर हैं सो वो
अपनी गर्दन को नहीं करते हैं ख़म[3] या मा'बूद

1 सूफ़ियों का एक विशेष मंत्र 2 कार्यरत रहना 3 झुकाना

अपने दाता की हक़ीक़त[1] के हैं जल्वे तुममें
लम्अ:'[2]-ए-नूर[3]-ए-तजल्ली[4] की क़सम या मा'बूद

1 सच्चाई 2 चमक 3 प्रकाश 4 ईश्वरीय प्रकाश की चकाचौंध

जल्द फटकारिए सब्ज़े[1] के नशे को कोड़ा
खींचिए और कोई सुल्फ़े का दम या मा'बूद

1 भाँग

आप ही आप हैं वो आपने सच फ़र्माया
यूँ भी कुछ धोके से थे नाम को हम या मा'बूद

चार ज़ानू[1] हो अब 'इन्शा' भी ज़मीं से ऊँचा
यक[2] वजब[3] रहने लगा साध के दम या मा'बूद

1 आलती पालती मार कर 2 एक 3 हाथ, बालिश्त

❀

बे-मदद हक़[1] के करें क्या मरदुम-ए-दुनिया[2] मदद
कब तलक बाला[3] मदद ऐ आ'लम-ए-बाला[4] मदद

1 ख़ुदा की मदद के बिना 2 दुनिया के लोग 3,4 ऊपर की दुनिया यानी ईश्वर

अब किसी मूज़ी[1] को जड़ता हूँ फिर इक बंग-घोंटना[2]
हू[3] मदद हक़[3] हू मदद हू-हू[4] मदद हा-हा[5] मदद

1 कष्ट देने वाला 2 भंग घोटने की लकड़ी 3,4,5 क़लन्दरों की आवाज़ें

फ़िर्क़ा[1]-ए-याजूज-ओ-माजूज[2] आ बहम लड़ते हैं जब
वाँ करे है आ'शिक़ों की बंग[3] का सोंटा मदद

1 समुदाय 2 प्राचीन काल के दो व्यक्ति जो लोगों को यातनाएँ देते थे 3 भाँग

जितने हैं नासूत[1] के अबधूत[2] भागें हो के भूत
एक चुटकी भर जो कर बैठे भभूत अपना मदद

1 दुनिया 2 अवधूत

जी में है बन कर रिज़ाले[1] आप भी ललकारिए
की न मर्द-ए-आदमीपन[2] ने गर ऐ 'इन्शा' मदद

1 नीच व्यक्ति 2 मर्द होना, मर्दानगी

❁

मियाँ चश्म-ए-जादू[1] प इतना घमंड
ख़त-ओ-ख़ाल-ओ-गेसू[2] प इतना घमंड

1 जादू भरी आँख 2 चेहरे की रूप-रेखा और बाल

अजी सर उठा कर इधर देखना
इसी चश्म-ओ-अब्रू[1] प इतना घमंड

1 आँख और भवें

नसीम-ए-गुल[1] उस ज़ुल्फ़ में हो तो आ
न कर अपनी ख़ुश्बू प इतना घमंड

1 फूल की ख़ुश्बू

शब[1]-ए-मह में कहता है वो माह[2] से
रकाबी[3] से इस रू[4] प इतना घमंड

1 चाँदनी रात 2 चाँद 3 थाली 4 चेहरा

बस ऐ शम्अ' कर फ़िक्र[1] अपनी ज़रा
इन्ही चार आँसू प इतना घमंड

1 चिंता

अकड़ता है क्या देख देख आइना
हसीं[1] गरचे[2] है तू प इतना घमंड

1 सुंदर 2 यद्यपि

वो कर पन्जा[1] 'इन्शा' से बोले कि वाह
इसी ज़ोर-ए-बाज़ू[2] प इतना घमंड

1 पन्जे लड़ाना 2 हाथों की शक्ति

रातों को न निकला करो दरवाज़ः से बाहर
शोख़ी[1] में धरो पाँव न अन्दाज़ः[2] से बाहर

1 चंचलता, अदा 2 अनुमान, संभावना

जर्राह[1] न रख पुम्बः-ओ-मर्हम[2] कि यहाँ आग
निकले है हर इक ज़ख़्म-ए-तर-ओ-ताज़ः से बाहर

1 पुराने ज़माने का एक चिकित्सक / सर्जन 2 रूई और मर्हम / फाहा3 नया / हरा-भरा ज़ख़्म

ले क़ैस[1] मुबारक हो कि लैला निकल आई
पर्दे को उठा महमिल-ए-जम्माज़ः[2] से बाहर

1 मज्नूँ 2 तेज़ चलने वाली ऊँटनी पर बनी पालकी

लेते वो जम्हाई हैं तो गोया[1] कि नज़ाकत[2]
टपकी पड़ी है शोख़ी-ए-ख़म्याज़ः[3] से बाहर

1 जैसे 2 कोमलता 3 अंगड़ाई की चंचलता

गो[1] ग़ैर[2] ने आवाज़ः कसा उसकी गली में
पर मैं कोई निकलूँ हूँ उस आवाज़ः से बाहर

1 यद्यपि 2 रक़ीब / मा'शूक़ का अन्य आ'शिक़ 3 व्यंग्यात्मक अन्दाज़ से देना

नारंगी के छिलके थे मगर इ'त्र[1] में डूबे
बू-बास ये थी अदविय:[2]-ए-ग़ाज़ः[3] से बाहर

1 सुगंध 2 दवाएँ 3 गाल पर लगाने वाला पाउडर / सुर्ख़ी

रहते हैं सदा ख़्वाहिश-ए-अहबाब[1] से 'इन्शा'
अज्ज़ा[2] मिरे दीवान के शीराज़ः[3] से बाहर

1 दोस्तों की इच्छा 2 हिस्से / भाग 2 पन्नों की सिलाई

ले चला दामान-ए-सहरा[1] को गरेबाँ[1] फाड़ कर
आख़िर आ मुझको जुनूँ चिमटा है पन्जे झाड़ कर
1 वीराने की ओर

चढ़ गया जो मयकदे में मोहतसिब[1] रिन्दों[2] के हाथ
ख़ूब ही सीधा बनाया सबने उसको झाड़ कर
1 धर्म अधिकारी 2 शराब पीने वाले

छोड़ते हैं अब कोई दो चार बोसे[1] बिन लिए
चुटकियाँ ले गालियों की ख़्वाह[2] तू बौछाड़ कर
1 चुंबन 2 चाहे

हम नहीं डरने के इन बातों से बारे शौक़ से
और ग़ुल[1] कर और चिल्ला और तौबा-धाड़ कर
1 शोर

मुख़्तलित[1] ग़ैरों[2] से देखा शब जो 'इन्शा' ने तुम्हें
हो गया वो जान बूझ अन्जान सब कुछ ताड़ कर
1 मिलते-जुलते 2 रक़ीबों / मा'शूक़ के अन्य आ'शिक़

❁

निगह जो पड़ी तुझसे रश्क-ए-क़मर[1] पर
गई फैल बस चाँदनी सारे घर पर

1 जिसे देख कर चाँद को ईर्ष्या हो

इशारा करे है समाँ[1] जोगिया[2] का
कि मलिए भभूत आज रू-ए-सहर[3] पर

1 माहौल / असर 2 रात के आख़िरी पहर गाया जाने वाला राग 3 सुब्ह का चेहरा

कभी उ'म्र भर फिर न तल्वे जलेंगे
क़दम आप रखिए मिरी चश्म-ए-तर[1] पर

1 भीगी आँख

कहाँ तक करूँ मैं ज़माने का शिक्वा[1]
मुसीबत है यूँ तो सब अह्ल-ए-हुनर[2] पर

1 शिकायत 2 कला-कौशल / शाइ'री वाले लोग

ख़ुसूसन[1] वो जो वज़्अ'-दारों[2] में हैं याँ
बरसता ही इफ़्लास[3] है उनके दर पर

1 विशेष तौर से 2 अपने जीने के अन्दाज़ पर बने रहने वाले / भद्र पुरुष 3 दरिद्रता

पड़ा हिनहिनाता है बिन घास घोड़ा
हुए चार फ़ाक़े[1] हैं पैहम[2] नफ़र[3] पर

1 कुछ खाए बिना 2 लगातार 3 फ़ौजी

पढ़ 'इन्शा' ग़ज़ल और इक ताज़ः ऐसी
कि हो आफ़रीं[1] जिसके हर शे'र-ए-तर[2] पर

1 वाह-वाह 2 चमकदार शे'र

❁

मुझे रोना आता है शम्म-ए'-सहर[1] पर
कि बेचारी अब मुस्तइ'द[2] है सफ़र पर

1 सुब्ह के समय का चराग 2 तय्यार

चमक उस परी-वश[1] की मानिन्द[2] नट के-
पड़ी फिरती है अपने तार-ए-नज़र[3] पर

1 परी जैसा मा'शूक़ 2 की तरह 3 दृष्टि की डोरी

मिरे दूद-ए-दिल[1] ने फ़क़ीरानः[2] धूनी
लगाई है जा अ'र्श-ए-आ'ज़म[3] के दर[4] पर

1 दिल का धुआँ 2 सूफ़ी-संतों की तरह 3 सबसे ऊँचा आस्मान 4 चौखट

अजी क्यों रूलाते हो मुझको तुम्हें क्या
नहीं रहम[1] आता मिरी चश्म-ए-तर[2] पर

1 दया 2 भीगी आँख

यही वज़्अ'[1] है तो मुझे खोइएगा
पड़े फिरिएगा हाथ रख्खे कमर पर

1 अन्दाज़, तौर तरीक़ा

अजी जी में है अब कहीं बैठ रहिए
बस इक बांध तकिया किसी रह-गुज़र[1] पर

1 रास्ता

जुनूँ से अगर आश्नाई[1] हुई तो
मुतव्वल[2] को दे मार तू मुख़्तसर[3] पर

1 परिचय 2 विस्तृत, एक साहित्यिक किताब का नाम 3 संक्षेप

❁

न जा दरिया नहाने को बिछी है आग पानी पर
कि सूरज देवता गाते हैं दीपक-राग[1] पानी पर
1 जिसे गाने पर दीपक जल जाता है

सती इक हो गई बैरागन आ कर घाट पर तब से
उदासा छा रहा है और सब बैराग पानी पर

परी की शक्ल इक रातों को याँ देती है दिखलाई
पड़ी फिरती है अक्सर दौड़ती इक आग पानी पर

तिरी रानों तले ये घोड़ा दरियाई सुबुक-रू[2] है
कि मुत्लक़[2] सुम[3] न डूबें जो उठा ले बाग[4] पानी पर
1 तेज़ दौड़ रहा है 2 बिल्कुल 3 एड़ी 4 लगाम

नहाने वालों ने दरिया मथा याँ तक कि ये देखो
नमश[1] की तर्ह उभर आए सरासर झाग पानी पर
1 दूध का झाग

तसद्दुक़[1] करते हैं हम ने'मत-ए-अल्वाँ[2] को ऐ 'इन्शा'
इसी इक जौ की रोटी और उबाले साग पानी पर
1 न्योछावर 2 तरह-तरह की अच्छी चीजें

❁

ले उन्होंने जो ये फूलों की छड़ी डाली तोड़
मैंने भी आपकी दो लड़ की लड़ी डाली तोड़

पेंगें[1] अमरय्यों[2] में जिस वक़्त चढ़ाता हूँ मैं
मुझ से कहती है ये सावन की झड़ी डाली तोड़
1 झूला झूलना 2 आम का बाग़

ग़ुल[1] मचाया तिरे दीवाने ने ऐसा ही कि झट
अपनी ज़न्जीर की हर एक कड़ी डाली तोड़
1 शोर, हंगामा

कह कर आए थे कि हम पाँच घड़ी बैठेंगे
मैंने इस धड़के से कल उनकी घड़ी डाली तोड़

साथ परियों के ये हम झूले कि 'इन्शा' हमने
डाली जो आम की थी सबसे बड़ी, डाली तोड़

ऐ आह अब तो अपनी कहीं आन-बान छोड़
जावें किधर मलाइक:[1] हफ़्त[2]-आस्मान छोड़
1 फ़रिश्ते 2 सात आस्मान

सहरा-ए-लक़-ओ-दक़[1] में सुलगता हूँ आफी[2] आप
वो आग हूँ गया हो जिसे कारवान छोड़
1 दूर तक फैला चटयल मैदान 2 आपही

उतरे थे जो जहाज़ से उनकी न ली ख़बर
बेरह्म नाख़ुदा[1] ने दिए बादबान[2] छोड़
1 मल्लाह 2 कश्ती के पर्दे

मज्नूँ में कुछ रहा नहीं बस ऐ तप-ए-फ़िराक़[1]
अब उसके सूखे-साखे तू चन्द[2] उस्तुख़्वान[3] छोड़
1 विरह की आग 2 कुछ 3 हड्डियाँ

'इन्शा' तू चल के वादी-ए-मज्नूँ[1] की सैर देख
इक आन[2] तो मुसाहिबत-बाग़बान[3] छोड़
1 वो वीराना जहाँ मज्नूँ रहता है 2 पल 3 माली की संगत

बह्र-ए-तवाफ़-ए-क़ैस[1] जो आईं थी हूरियाँ[2]
सो जा-ब-जा[3] गईं हैं वो अब फूल-पान छोड़
1 मज्नूँ को देखने / परिक्रमा करने 2 परियाँ 3 जगह-जगह

❀

फँस गई अ'न्दलीब[1] हो बे-कस[2]
हाए तन्हाई[3] और कुन्ज-ए-क़फ़स[4]
1 बुलबुल 2 लाचार 3 अकेलापन 4 पिंजरे का कोना

क़ैस[1] लैला से मिल गया शायद
नहीं आती जो आज बाँग-ए-जरस[1]
1 मज्नूँ का नाम 2 कारवाँ की घंटी की आवाज़

मैं जो शब उनसे राह में लिपटा
बीम-ए-हाकिम[1] रहा न ख़ौफ़-ए-अ'सस[2]
1 शासक का डर / निराशा 2 पुलिस अफ़्सर का डर

लगे कहने कि मेरे दामन को
नहीं अब तक किया किसी ने मस[1]
1 छूना

मुफ़्त जल जाएगा परे[1] भी सरक
अरे मैं आग और तू है ख़स[2]
1 दूर 2 घास का तिनका

जब कि देखा कि छोड़ता ही नहीं
तब तो ठहरी कि देंगे बोसे[1] दस
1 चुंबन

एक दो तीन चार पाँच छे सात
आठ नौ दस हुए बस 'इन्शा' बस

❀

क्यों न दिल दूँ उसे दुनिया में नहीं ऐसा शख़्स[1]
यारो देखा भी है दुनिया में कहीं ऐसा शख़्स

1 व्यक्ति

मुक़्तबस[1] नूर से है जिसके हरम[2] का जल्वा[3]
चढ़ गया अपनी नज़र आज यहीं ऐसा शख़्स

1 लिया हुआ 2 का'बा / मस्जिद 3 रौशनी / उपस्थिति

क्यों ख़राबात[1] न हो ख़ानः-ए-इस्लाम[2] भला
हो जो बुतख़ाने[3] में ग़ारत-गर-ए-दीं[4] ऐसा शख़्स

1 मदिरालय 2 इस्लाम का घर 3 मर्ति-घर 4 धर्म-ईमान लूटने वाला / मा'शूक़

सब मकानात[1] से फिर क्यों न शरफ़[2] हो दिल को
देख तू जिसमें हो अल्लाह मकीं[3] ऐसा शख़्स

1 मकानों 2 सम्मान 3 निवासी

साकिन-ए-कू-ए-सनम[1]-ख़ानः हूँ कब रख्खे है
हवस-ए-गुलशन[2]-ए-फ़िर्दौस-ए-बरीं ऐसा शख़्स

1 मूर्ति-घर की गली का निवासी 2 स्वर्ग के बाग़ की लालसा

मुत्तसिल[1] सूझते जाते हैं हज़ारों मज्नूँ[2]
आज बैठा है मिरे हो के क़रीं[3] ऐसा शख़्स

1 लगातार 2 विषय 3 पास

या-रब[1] 'इन्शा' को सदा[2] ऐ'श-ओ-तरब[3] में ख़ुश रख
हैफ़[4] है जौर-ए-फ़लक[5] से हो हज़ीं[6] ऐसा शख़्स

1 या ख़ुदा / हे ईश्वर 2 सदैव 3ख़ुशी / ख़ुशहाली 4 दुख की बात है
5 आस्मान / भाग्य का अत्याचार 6 दुखी

❁

हम जो वली[1] हों तो पड़े अपनी निगाह साफ़ साफ़
ज़र्र: उलट-पलट में है याँ तो गुनाह साफ़ साफ़

1 तत्व-ज्ञानी सूफ़ी-संत

होती थी छेड़ छाड़ तो ग़ैर[1] प धर के सो कभी
अब तो लगे सुनाने आप वाह जी वाह साफ़ साफ़

1 रक़ीब / मा'शूक़ का अन्य आ'शिक़

क्या नहीं बाक़ी अब रही बूँद लहू की एक भी
निकले है धोई-धाई[1] सी आज जो आह साफ़ साफ़

1 धुली-धुली

दूर की देख भाल से हो जो निबाह सो ब-ख़ैर[1]
तो नज़र आए उस में गर सूरत-ए-माह[2] साफ़ साफ़

1 सकुशल 2 चाँद की तरह

खींच के तेग़[1] क़त्ल-ए-आ'म[2] कीजिए जो हो सामने
क़त्ल है क़त्ल क़त्ल क़त्ल ख़्वाह-न-ख़्वाह साफ़ साफ़

1 तल्वार 2 नरसंहार

एक ही ढब से 'इन्शा' आह आह न कर तू हर घड़ी
शाम कर आह अटक-अटक सुब्ह कर आह साफ़ साफ़

टुक क़ैस को छेड़-छाड़ कर इ'श्क़
लिपटा मुझे पंजे झाड़ कर इ'श्क़

ख़म[1] ठोंक मिरे हुआ मुक़ाबिल[2]
फ़र्हाद[3] को यूँ पछाड़ कर इ'श्क़
1 द्वंद्व के लिए ताल ठोकना 2 प्रतिद्वंदी 3 प्रेम कहानी का नायक

ले फ़ौज-ए-सरिश्क[1] ओ पर्चम-ए-आह[2]
झपटा यूँ भीड़-भाड़ कर इ'श्क़
1 आँसुओं की फ़ौज 2 आहों का झन्डा

अल-क़िस्सा[1] सभों के हो मुक़ाबिल
पहुँचा अब हम को ताड़ कर इ'श्क़
1 संक्षेप में ये कि

हम इ'श्क़ अल्लाह बोले तो भी
चिंघाड़ के आए फाड़ कर इ'श्क़

है है 'इन्शा' हमारे दिल को
बे-तर्ह[1] गया लताड़ कर इ'श्क़
1 बुरी तरह

❁

नादाँ[1] कहाँ तरब[2] का सर-अन्जाम[3] और इ'श्क़
कुछ भी तुझे शुऊ'र[4] है आराम और इ'श्क़

1 नासमझ 2 ख़ुशी, नाच-गाना 3 प्रबंध, अंत 4 समझ

लेने न देवेंगे मुझे टुक चैन जीते जी
दुश्मन ये दोनों गर्दिश-ए-अय्याम[1] और इ'श्क़

1 काल चक्र

याँ ग़श[1] हैं शौक़-ए-तौफ़[2] में यारान-ए-का'बा[3] को
ऐ नामः-बर[4] तू कहियो ये पैग़ाम[5] और इ'श्क़

1 बे-होश 2 परिक्रमा की इच्छा 3 का'बे के अभिलाषी 4 सदेश-वाहक 5 संदेश

क्या नाम ले के उसका पुकारा करूँ कि याँ[1]
रखता है हर ज़बान[2] में इक नाम और इ'श्क़

1 यहाँ 2 भाषा

पूछा किसी ने क़ैस से तू है मोहम्मदी[1]
बोला वो भर के आह कि इस्लाम और इश्क़

1 मुसलमान

अस्बाब-ए-कायनात[1] से बस हो के बे-नवा[2]
'इन्शा' ने इन्तिख़ाब[3] किया जाम और इ'श्क़

1 दुनिया की चीज़ें 2 कंगाल 3 चुनाव

❁

इ'श्क़ सच हो तो न मा'शूक़ हो क्योंकर[1] आ'शिक़
जिस प हम ग़श[2] हैं अजी वो भी है हम पर आ'शिक़

1 कैसे 2 मोहित, फ़िदा

तेरी तस्वीर के बदले तुझे देता है तमाम[1]
शैख़-सा'दी[2] की गुलिस्तान-ए-मुसव्वर[3] आ'शिक़

1 सारी / सारा 2 एक फ़ारसी शाइ'र 3 उनकी चित्रों वाली गुलिस्ताँ (किताब का नाम)

हैफ़[1] दरवाज़े की कुंडी न खुली और तिरा
मर गया रात को चौखट से पटक सर आ'शिक़

1 दुख की बात है कि / अफ़्सोस

देख तो इ'श्क़ के धड़के को शब-ए-वस्ल[1] में आह
गरचे[2] है पास तिरे तो भी है शश्दर[3] आ'शिक़

1 मिलन की रात 2 यद्यपि 3 आश्चर्यचकित

आँसू भर लाए जो हम देख उन्हें तो ये कहा
आप इस शक्ल प हैं मेरी मुक़र्रर[1] आ'शिक़

1 तयशुदा, नियुक्त, स्थापित

बादशाहत[1] है अगर ओहदः-ए-दरबानी[2] में
होवे मा'शूक़ के दरवाज़े प नौकर आ'शिक़

1 शासक 2 पहरेदारी का पद

अदब-आमोज़[1] हो मानिन्द-ए-अरस्तातालीस[2]
ता[3] जिबिल्लत[4] प तिरे होवे सिकन्दर[5] आ'शिक़

1 शिष्टाचार / साहित्य पढ़ाने वाला 2 अरस्तू की तरह 3 ताकि 4 स्वभाव
5 सिकन्दर अरस्तू का शिष्य था

❁

खोले जब चाँद से उस मुखड़े का घूँघट आ'शिक़
क्यो न फिर लेवे बलाएँ तिरी चट-चट आ'शिक़

नहीं मा'लूम अजी तुमने ये क्या पढ़ फूँका
कि तुम्हें देखते ही हो गए हम चट आ'शिक़

मयकशी[1] तुम करो ग़ैरों[2] से बहम[3] तो अपने
घूँट लोहू[4] के पिए क्यों न ग़टाग़ट आ'शिक़

1 शराब पीना 2 रक़ीबों 3 मिल कर 4 रक्त

भागते फिरने में कुछ ज़ोर उठाता है मज़े
खा के छड़ियाँ तिरे हाथों की सटासट आ'शिक़

घर से बाहर निकल आ ख़ून से अपने सर के
सुर्ख़[1] करता है वगर्ना[2] तिरी चौखट आ'शिक़

1 लाल 2 नहीं तो

ऐ नसीम-ए-सहरी[1] इससे ये कहियो कि तिरा
रात से अब तो बदलता नहीं करवट आ'शिक़

1 सुब्ह की हवा

❋

बात के साथ ही मौजूद[1] है टाल एक न एक
है ख़िलाफ़[2] अपने सदा आप की चाल एक न एक

1 उपस्थित 2 विरुद्ध

हम भी इस वास्ते[1] बैठे हैं कि हो रहता है
तुझ सही-सर्व[2] के साए में निहाल[3] एक न एक

1 लिए 2 एक बिल्कुल सीधा पेड़ / मा'शूक़ के क़द की उपमा 3 पौधा

यार है पास पर अब फ़र्त[1]-ए-तरद्दुद[2] के सबब
आ ही रहता है मिरे दिल को मलाल[3] एक न एक

1 अधिकता 2 चिंता, दुविधा 3 दुख

मैं तो हर-चन्द[1] बचाता हूँ व-लेकिन[2] हैहात[3]
खुब[4] ही जाता है इन आँखों में जमाल[5] एक न एक

1 यद्यपि, कितना ही 2 लेकिन 3 हाय 4 चुभना / चमकना 5 सौंदर्य / सुंदर चेहरा

मुझे कुछ हुस्न-परस्ती[1] से नहीं काम वले[2]
हो ही रहता है मिरे जी का ज़वाल[3] एक न एक

1 सौंदर्य-पूजा 2 लेकिन 3 पतन / एक पाठ में वबाल (मुसीबत, बोझ) भी है

क्या करूँ गरचे[1] भुलाता हूँ बहुत मैं लेकिन
आ ही रहता है तिरा मुझ को ख़याल[2] एक न एक

1 यद्यपि 2 ध्यान

मज्लिस-ए-वज्द[1] में पढ़ अपनी ग़ज़ल तू 'इन्शा'
कर ही बैठेगा अभी सुनते ही हाल[2] एक न एक

1 आनंद विभोर होने की की सभा 2 भाव-विभोर होकर नाचने लगना

एक दिन रात की सोहबत[1] में नहीं होते शरीक[2]
हमको क्या फ़ायदा गर आप बहुत हैं नज़्दीक[3]

1 संगत 2 सम्मिलित 3 पास

अब तो टुक हो के खड़े बात हमारी सुन लो
रात है कूचः-ओ-बाज़ार[1] पड़े है तारीक[2]

1 गली और बाज़ार 2 अंधेरे

पान जो हाथ से कल ग़ैर[1] के तूने खाया
पी के लोहू को ग़रज़[2] घूँट रहे हम जूँ पीक

1 रक़ीब / मा'शूक़ का अन्य आ'शिक़ 2 बस कि

दूर हो वादी-ए-मज्नूँ से निकल ऐ वहशत[1]
किस वसीले से मिली तुझको जहाँ की तम्लीक[2]

1 पागलपन 2 स्वामित्व

वादी-ए-इ'श्क़[1] में 'इन्शा' तू संभल कर जाता
हाँ ख़बरदार कि ये राह बहुत है तारीक

1 इ'श्क़ का मैदान

❁

सल्तनत[1] बेचते हैं दर्द-कशाँ[2] ख़ाक[3] के मोल
है यहाँ साया[4] हुमा[5] का ख़स-ओ-ख़ाशाक[6] के मोल

1 राज-पाट 2 दुखी लोग 3 मिट्टी 4 छाया 5 ये परिन्दा जिसके सर पर छाया करे वो राजा बनता है 6 घास-पूस

क़स्द[1] हो बाग़ बनाने का तो ले लीजिए आप
सातों के सातों अहाते[2] ही नुह-अफ़्लाक[3] के मोल

1 इरादा 2 आँख के सात पर्दे 3 नौ आस्मान

क्यों रह अन्जाम-ए-ख़िरद[1] ग़र्क़-ए-अ'रक़[2] हो न कि याँ
ख़च्चर अब बिकने लगे तौसन-ए-चालाक[3] के मोल

1 बुद्धिमानी का परिणाम 2 पसीने में डूबा हुआ 3 तेज़ घोड़ा

सर-ए-बाज़ार[1] ख़रीदारी है अब के याँ तक
कि लगी बिकने गज़ी[2] शाहों[3] की पोशाक[4] के मोल

1 बाज़ार में 2 साधारण और सस्ता कपड़ा 3 राजाओं 4 लिबास

नाक बांधे हुए जो ऐंडते हैं मस्त 'इन्शा'
कब वो तूबा[1] को भला लें शजर-ए-ताक[2] के मोल

1 स्वर्ग का एक पेड़ 2 अंगूर की बेल

❋

हवास-ओ-होश[1] थे अपने ब-चंग-ए-निक्हत-ए-गुल
हवा के साथ गए उड़ ब-रंग-ए-निक्हत[1]-ए-गुल

1 चेतना और इंद्रियाँ 2 फूल की ख़ुश्बू के साज़ पर 3 फूल की ख़ुश्बू की तरह

मिज़ाज देख ये नाज़ुक कि बैठ जाता है
हमारे आइनः-ए-दिल[1] प ज़ंग-ए-निक्हत[2]-ए-गुल

1 दिल का आईना 2 फूल की ख़ुश्बू का ज़ंग

ये गर्म अपने है गुलगून-ए-फ़िक्र[1] का तग-ओ-ताज़[2]
न पहुँचे गर्द को जिसके शलंग-ए-निक्हत-ए-गुल[3]

1 विचार / कल्पना की सिंगार-शक्ति 2 गतिविधियाँ 3 फूल की ख़ुश्बू की छलाँग

जुनूँ से अपने तअ'ज्जुब[1] है ऐ सबा[2] क्योंकर[3]
समा गया ये दर-आग़ोश-ए-तंग-ए-निक्हत-ए-गुल[4]

1 आश्चर्य 2 अच्छी हवा 3 कैसे 4 फूल की ख़ुश्बू के तंग अलिंगन में

सिपर[1] से जाम-ए-सबूही[2] के रोक ऐ 'इन्शा'
अगर नसीम[3] लगावे ख़दंग-ए-निक्हत-ए-गुल[4]

1 ढाल 2 सुब्ह की शराब 3 हवा 4 फूल की ख़ुश्बू का तीर

❁

तुझे मैं कहा नहीं ऐ जुनूँ कि न खींच पुम्बः[1]-ए-दाग़-ए-दिल
मिरे छेड़ने से हुसूल[2] क्या न मिज़ाज[3] ख़ुश न फ़राग़-ए-दिल

1 दिल के ज़ख़्म का फाहा 2 फ़ायदा 3 मन 4 दिल का आराम / संतोष

सरोकार निक्हत[1]-ए-गुल से क्या मुझे ऐ नसीम-ए-बहार[2] चल
न तबीअ'त[3] अपनी है हाज़िर[4] अब न शगुफ़्ता[5] है ये दिमाग़-ए-दिल

1 फूल की सुगंध 2 बहार की हवा 3,4 तबीअ'त हाज़िर होना : दिल का किसी काम में लगना 5 खिला हुआ / ख़ुश

परे ऐ नसीम-ए-सहर परे न ज़लील[1] हो कि सबा अभी
बहुत आस्तीं[2] से बुझा रही न बुझा वले[3] ये चराग़-ए-दिल

1 अपमानित 2 आस्तीन 3 लेकिन

ख़म-ए-ज़ुल्फ़[1]-ए-यार में ढूँडिए यहीं आ छुपा हो मगर कहीं
तपिश[2]-ओ-तहय्युर[3]-ओ-बेख़ुदी[4] से तो कुछ मिला न सुराग़-ए-दिल[5]

1 मा'शूक़ के घुँघराले बालों में 2 गर्मी 3 हैरानी 4 ख़ुद को भुलाना 5 दिल का पता

गुल-ए-दाग़[1]-ओ-ख़न्दः-ए-ज़ख़्म[2] से पड़े और सैंकड़ों आब्ले
मुझे बाग़-ए-सब्ज़[4] दिखावे है अलम-ए-फ़िराक़[5] में बाग़-ए-दिल

1 ज़ख़्म के फूल 2 ज़ख़्म का हँसना 3 छाले 4 हरे बाग़ : भ्रमात्मक दृश्य 4 विरह का दुख

रहूँ हूँ मुदाम[1] नशे में मैं मुझे जब से साक़ी-ए-इ'श्क़ ने
ख़ुम-ए-मा'रिफ़त[2] के फ़रोग़ से सभी भर दिया है अयाग़[3]-ए-दिल

1 सदैव 2 ईश्वरीय ज्ञान की शराब से भरी सुराही 3 दिल का प्याला

बदल अब रदीफ़ को इक ग़ज़ल कहो 'इन्शा' बह्र कोई बढ़ा
कि परे है अ'र्श-ए-अज़ीम[1] से भी कुछ इस घड़ी ये दिमाग़-ए-दिल

1 सबसे ऊँचा आस्मान

❀

चितवन[1] कहे देती है मुफ़स्सल[2] ख़बर-ए-चश्म[3]
तू ऐ निगह-ए-फ़ाश[4] न हो पर्द:-ए-दर-ए-चश्म[5]

1 दृष्टि, नज़र 2 विस्तृत 3 आँख का समाचार 4 खुली आँख 5 आँख का पर्दा उठाने वाला

ये और ग़ज़ब देख निकल आते हैं आँसू
सुन जुम्बिश[1]-ए-मिज़्गान की दस्तक ब-दर[2]-ए-चश्म

1 पलकों का हिलना 2 आँख के दरवाज़े पर

क्या क़हर है अफ़्सोस कि यूँ ख़ाक में मिल जाएँ
थे तिफ़्ल-ए-सरिश्क[1] अपने जो लख़्त-ए-जिगर-ए-चश्म[2]

1 आँसू रूपी बच्चे 2 आँख के दिल के टुकड़े

गर्मा गई गर अपनी तबीअ'त[1] तो किसी वक़्त
ऐ अब्र[2] दिखावेंगे हम अपना हुनर-ए-चश्म

1 दिल, स्वभाव 2 बादल

महताब[1] की चादर में अभी आग लग उट्ठे
है अश्क[2] से याँ दस्त-ओ-गरेबाँ[3] शरर-ए-चश्म[4]

1 चाँद 2 आँसू 3 हाथ-पाई करते हुए 4 आँख की चिंगारियाँ

डरता हूँ नज़र तुझको न लग जाए किसी की
लोगों का मुझे आठ पहर है ख़तर-ए-चश्म[1]

1 नज़र लगने की आशंका

मक्तूब[1] लिख 'इन्शा' तू उसे लख़्त-ए-जिगर[2] पर
जल्दी कहीं ले अश्क हुवा नाम:बर-ए-चश्म[3]

1 पत्र 2 दिल का टुकड़ा 3 आँख का संदेश-वाहक

❁

सादगी का तिरी या जल्वः-गरी[1] का आ'लम[2]
क्या बयाँ कीजिए बस ख़ैर परी का आ'लम

1 रौशन उपस्थिति / अदाएँ दिखाना 2 हालत

जाम फिर मुंह से लगा ले कि अ'जब होता है
मय-ए-गुल-रंग[1] से कुछ लब प तरी का आ'लम

1 लाल रंग की शराब

रब्त[1] कर बू-ए-गुल-ओ-बाद-ए-सहर[2] से पैदा
आख़िर ऐ होश ये है हम-सफ़री[3] का आ'लम

1 संपर्क 2 फूल की महक और सुब्ह की हवा 3 साथ-साथ चलना

रात की बे-अदबी[1] कीजे मुआ'फ़[2] आप कि था
नश्शः-ए-मय[3] से मुझे बे-ख़बरी[4] का आ'लम

1 अभद्रता 2 क्षमा 3 शराब का नशा 4 ख़ुद को भूला होना

वालेह[1]-ए-ज़ुल्फ़[2]-ओ-रुख़[3]-ओ-ख़ाल[4]-ओ-ख़त[5]-ओ-हुस्न[6]-ओ-नमक
मत हो ऐ दिल कि ये है सब गुज़री[4] का आ'लम

1 आ'शिक़ 2 बाल 3 चेहरा 4 तिल 5 नैन नक़्श 6 सौंदर्य 7 चला जाने वाला / वाली

आज सद-चन्द[1] हुआ जोश-ए-जुनूँ[2] ऐ 'इन्शा'
देख बू-ए-गुल-ओ-बाद-ए-सहरी का आ'लम

1 सौ गुना 2 दीवानगी का जोश

बस देखो लगावट से न तुम हो के इधर गर्म
जिस साथ ये ख़लता[1] है रहो उनसे ही सरगर्म

1 ख़लता

गर्मी की अगर ऐसी ही ताबिश[1] है तो साहब
ठंडक हो जहाँ जाइए है बन्दे का घर गर्म

1 जलन, आँच

कहता है कि नामे[1] को तिरे आग प रख्खा
क़ासिद[2] ने तो लो और सुनाई ये ख़बर गर्म

1 ख़त 2 डाकिया

क्या कोई भरे वादी-ए-मज्नूँ में दम-ए-सर्द[1]
इस दश्त[2] में रहती है हवा आठ पहर गर्म

1 ठंडी आह 2 जंगल, रेगिस्तान

मेंह[1] बरसे है जाड़ा है हवा सर्द चले है
टुक आ न लिपट कर मिरे सीने को तू कर गर्म

1 बादल, बरसात

तर्क[1] कर अपने नंग-ओ-नाम[2] को हम
जाते हैं वाँ फ़क़त[3] सलाम को हम

1 छोड़ कर 2 इज्ज़त और नाम 3 केवल

ख़ुम[1] के ख़ुम तू लुंढाए यूँ साक़ी
और यूँ तरसें एक जाम को हम

1 शराब की सुराही 2 पिलाना

मैं कहा 'मैं ग़ुलाम हूँ' बोला
'जानें हैं ख़ूब इस ग़ुलाम को हम'

दैर-ओ-का'बा[1] के बीच हैं हँसते
ख़ल्क़[2] के देख इज़्दिहाम[3] को हम

1 मंदिर-मस्जिद 2 लोगों 3 भीड़

मुतकल्लिम[1] हैं ख़ास[2] लोगों से
करते हैं कब ख़िताब[3] आ'म[4] से हम

1 बात करने वाले 2 विशेष 3 संबोधन 4 साधारण लोग

रूठने में भी लुत्फ़[1] है 'इन्शा'
सुब्ह गर रूठे वो तो शाम को हम

1 मजा

वो देखा ख़्वाब क़ासिर[1] जिससे है अपनी ज़बाँ और हम
कि गोया[2] एक जा है उसमें है वो नौजवाँ और हम

1 अक्षम, असमर्थ 2 जैसे / बोलता हुआ

वो रो रो मुझसे कहता है ख़ुदा की बातें हैं वर्ना
भला टुक दिल में अपने ग़ौर[1] कर तू ये मकाँ और हम

1 ध्यान देना, सोचना

जो पूछा क़ैस[1] से लैला ने 'जंगल में अकेले हो'
तो बोले 'ऐ नहीं वहशत[2] है और आह[3]-ओ-फ़ुग़ाँ और हम'

1 मज्नूँ का नाम 2 दीवानगी 2 आहें भरना और रोना

अजी गडमड रही है अक़्ल[1] अपनी सब फ़रिश्तों से
पड़े फिरते हैं बाहम[2] सैर करते क़ुदसियाँ[3] और हम

1 बुद्धि 2 आपस में 3 फ़रिश्ते

नशा है आ'लम-ए-मस्ती[1] है बे-क़ैदी[2] है रिन्दी[3] है
कहाँ अब ज़ोहद-ओ-तक़्वा[4] है ख़राबात-ए-मुग़ाँ[5] और हम

1 मस्ती की हालत 2 आज़ादी 3 शराब पीना 4 पूजा-पाठ और संयम-नियम
4 शराबख़ाना

अ'जब रंगीनियाँ बातों में कुछ होती हैं ऐ 'इन्शा'
बहम[1] हो बैठते हैं जब सआ'दत-यार-ख़ाँ[2] और हम

1 मिल कर 2 इन्शा के दोस्त शाइ'र सआ'दत यार ख़ाँ 'रंगीन'

उन्हें मैंने तो छेड़ा छुवा ही नहीं मुझे अपने रसूल-ए-ख़ुदा[1] की क़सम
मुझे उनके ही बन्द-ए-क़बा[2] की क़सम मुझे दामन-ए-पाक-ए-सबा[3] की क़सम

1 पैग़म्बर सहब 2 लिबास का बंधन 3 हवा का पवित्र दामन

हुए बांध के तकिया जो गोशः-गुज़ी-वही[1] हैंगे ज़माने में अह्ल-ए-यक़ीं[2]
कोई सल्तनत उसको पहुँचती नहीं सर-ओ-सायः-ए-बाल-ए-हुमा[3] की क़सम

1 एक कोने में पड़े रहना 2 आस्थावान लोग 3 हुमा नाम के काल्पनिक परिन्दे की छाया और सर की क़सम

किसी साँस की फाँस से कर तू हज़र[1] नहीं मेरे तो हाल की कुछ भी ख़बर
मुझे उससे भी तंग जियादा न कर तुझे अपने ही नाज़-ओ-अदा[2] की क़सम

1 डरना, बचना 2 अदाएँ और अभिमान

तिरी ज़ुल्फ़ को सूँघ लिया ही नहीं कभी मैंने तो शान[1] किया ही नहीं
लब-ए-ज़ख़्म-ए-जिगर[2] को सिया ही नहीं शब-ए-तीरः-ए-आह-ए-रसा[3] की क़सम

1 कंघा 2 दिल के ज़ख़्म का मुंह 3 असर दिखाने वाली आह और अंधेरी रात

संभल ऐसे ग़ुरूर में है ये ख़लल[1] कि गिरे न उलझ कहीं मुंह के ही बल
बस अब उससे भी आगे तू बढ़ के न चल तुझे रफ़अ'त-ए-अ'र्श[2] उ'ला की क़सम

1 नुक़सान 2 तुझे ख़ुदा के आसमान की ऊँचाई की क़सम

धूम इतनी तिरे दीवाने मचा सकते हैं
कि अभी अर्श[1] को चाहें तो हिला सकते हैं

1 आस्मान

सोचिए तो सही हट-धर्मी न कीजे साहब
चुटकियों में मुझे कब आप उड़ा सकते हैं

हज़रत-ए-दिल[1] तो बिगाड़ आए हैं उससे लेकिन
अब भी हम चाहें तो फिर बात बना सकते हैं

1 दिल महोदय

है मोहब्बत जो तिरे दिल में वो इक तौर[1] प है
हम घटा सकते हैं इस को न बढ़ा सकते हैं

1 अन्दाज़, स्तर

कर के झूठा न दिया जाम अगर तूने तो चल
मारे ग़ैरत[1] के हम अफ़्यून[2] तो खा सकते हैं

1 शर्म 2 अफ़ीम

दम[1] ज़रा साध के लेते हैं फुरेरी[2] तो अभी
सून[3] खींचे हुए लाहूत[4] को जा सकते हैं

1 साँस 2 झुरझुरी 3 सून खींचना : साँस रोकना 4 ब्रहम लोक

ऐ न आवाज़ सुनावें मुझे दर[1] तक आ कर
अपने पाँवों के कड़ों को तो बजा सकते हैं

1 दरवाज़ा

हम तो हँसते नहीं पर आप के हँसने के लिए
और अगर स्वाँग नहीं कोई बना सकते हैं

काले काग़ज़ की अभी एक कतर कर बीचा[1]
ज़ाहिद-ए-बज़्म[2] के मुंह पर तो लगा सकते हैं

1 डराने वाा मुखौटा 2 महफ़िल में बैठा धर्म परायण व्यक्ति

घर से बाहर तुम्हें आना है अगर मन्अ'[1] तो आप
अपने कोठे प कबूतर तो उड़ा सकते हैं

1 वर्जित

झूलते हैं ये जो झूले में सो कहते हैं मुझे
एक वा'दे प तुझे बरसों झुला सकते हैं

एक ढब के जो क़वाफ़ी[1] हैं हम उन में 'इन्शा'
इक ग़ज़ल और भी चाहें तो सुना सकते हैं

1 क़ाफ़िए

❁

आप सौ रूप से गो[1] रूप बदल सकते हैं
पर कोई दख़्ल[2] है इस बन्दे से चल[3] सकते हैं

1 यद्यपि 2 शक्ति, सामर्थ्य 3 आगे निकलना

ग़ैर[1] सरगर्म-ए-सुख़न[2] तुमसे है क्या कीजे भला
हम न रह सकते हैं इस वक़्त न टल सकते हैं

1 रक़ीब / मा'शूक़ का अन्य आ'शिक़ 2 बात चीत में व्यस्त

अपनी ख़ुत्के[1] से जो सब्ज़:[2] न मिल, हम आज़ाद[3]
टूटी चिमली[4] में भला पोस्त[5] तो मल सकते हैं

1 भाँग घोंटने की लकड़ी 2 भाँग 3 क़लन्दर लोग 4 साधू-संतों का भिक्षा-पात्र
5 पोस्त मलना : अफ़ीम की

कह तो ऐ चर्ख़[1] भला तुझसे किसी तर्ह कभी
दिल के अरमान हमारे भी निकल सकते हैं

1 आस्मान / भाग्य

गरचे[1] कुछ अपने बिगड़ने में रहा क्या बाक़ी
पर अभी आप सँभालें तो सँभल सकते हैं

1 हालाँकि, यद्यपि

क़ाफ़िये और नए सूझे हैं मुझको 'इन्शा'
जिनमें अश्आ'र[1] कई और भी ढल सकते हैं

1 शे'र (बहुवचन)

❀

यूँ बिगड़ने को फ़रिश्ते से बिगड़ सकते हैं
पर कोई दख़्ल[1] है हम तुमसे अकड़ सकते हैं
1 शक्ति, सामर्थ्य

साथ साहब के जो फिरते हैं ये सिफ़्ले[1] दो चार
ग़ौर तो कीजे भला मुझसे झगड़ सकते हैं
1 नीच लोग

मुझमें और आपमें रहते हैं जो रगड़े-झगड़े
आप ही उनको नबेड़ें[1] तो नबड़ सकते हैं
1 निपटाएँ

जिन दरख़्तों के रग-ओ-रेशे हैं इस बाग़ में बन्द
वो कोई बाद[1]-ए-ख़िज़ाँ! तुझसे उखड़ सकते हैं
1 पतझड़ की हवा

पास-ए-ख़ातिर[1] हमें जर्राह[2] की है वर्ना अभी
एक ख़म्याज़े[3] में सो टाँके उधड़ सकते हैं
1 दिल न दुखाने का ध्यान 2 पुराने ज़माने का सर्जन 3 अंगड़ाई

आफ़रीं[1] आतिश-ए-गुल[2] तुझको नवा-सन्जों[3] के
आश्याने[4] इसी सूरत से उजड़ सकते हैं
1 मुबारक 2 फूल की आग 3 चहचहाने वाले परिन्दे 4 घोंसले / घर

दौड़े है कोसों जो आ जाए है वहशत की धुन
अजी 'इन्शा' को कोई आप पकड़ सकते हैं

❀

खींच ले काश वो परी अपने मुझे लिहाफ़ में
या कि बला से फेंक दे दामन-ए-कोह-ए-क़ाफ़[1] में

1 काफ़ नामक पहाड़ (जहाँ परियाँ रहती हैं) की तलहटी

शैख़[1] जी ये बयाँ[2] करो हम भी तो बारे[3] कुछ सुनें
आपके हाथ क्या लगा ख़ल्वत-ए-ए'तिकाफ़[4] में

1 धर्मगुरू 2 बयान 3 आख़िर 4 अकेले में बैठ कर इ'बादत करना

तकिया तिरे सरहाने का सूँघ के ग़श[1] न क्यों हूँ मैं
आती है वाह ज़ोर बास सुथरे से इस ग़िलाफ़[2] में

1 बेहोश 2 आवरण

सायः-ए-सिदरः[1] में तू उड़ इ'श्क़ में मिस्ल-ए-जिब्रईल[2]
क़िस्सः-ए-कुफ़्र-ओ-दीन[3] के बस न फँस इख़्तिलाफ़[4] में

1 स्वर्ग के काल्पनिक पेड़ की छाया में 2 जिब्रील (फ़रिश्ता) की तरह 3 कुफ़्र और ईमान का मामला 4 विवाद

जावें जो का'बे 'इन्शा' हम तो हो हुसूल[1] क्या हमें
इससे तो ख़ूब है रहें दिल ही के हम तवाफ़[2] में

1 प्राप्ति, फ़ायदा 2 परिक्रमा

❀

या वस्ल[1] में रखिए मुझे या अपनी हवस[2] में
जो चाहिए सो कीजिए हूँ आपके बस में

1 चाहत, मिलन 2 वासना

ये जा-ए-तरह्हुम[1] है अगर समझे तू सय्याद[2]
मैं और फँसूँ इस तरह इस कुन्ज-ए-क़फ़स[3] में

1 करूणा का अवसर 2 शिकारी 3 पिंजरे का कोना

आती है नज़र उसकी तजल्ली[1] हमें ज़ाहिद[2]
हर चीज़ में हर संग[3] में हर ख़ार[4] में ख़स[5] में

1 रौशनी 2 धर्म-परायण व्यक्ति 3 पत्थर 4 काँटा 5 घास

हर रात मचाते फिरें हैं शौक़ से धूमें
ये मस्त-ए-मय-ए-इ'श्क़[1] हैं कब ख़ौफ़-ए-असस[2] में

1 प्रेम के नशे में मस्त 2 पुलिस अफ़सर का डर

'इन्शा' तिरे गर गोश[1] असम[2] हों न तो आवे
आवाज़ तिरे यार की हर बाँग-ए-जरस[3] में

1 कान 2 बहरे 3 कारवाँ की घंटियाँ

❀

कमर बांधे हुए चलने प याँ सब यार बैठे हैं
बहुत आगे गए बाक़ी जो हैं तय्यार बैठे हैं

न छेड़ ऐ निक्हत[1]-ए-बाद-ए-बहारी राह लग अपनी
तुझे अटखेलियाँ सूझी हैं हम बे-ज़ार[2] बैठे हैं
1 सुब्ह की हवा की ख़ुश्बू 2 उदास, ऊबे हुए

ख़याल[1] उनका परे है अ'र्श-ए-आज़म[2] से कहीं साक़ी
ग़रज[3] कुछ और धुन में इस घड़ी मय-ख़्वार[4] बैठे हैं
1 मन 2 सबसे ऊँचा आस्मान 3 मत्लब ये कि 4 शराब पीने वाले

ये अपनी चाल है उफ़्तादगी[1] से इन दिनों पहरों
नज़र आया जहाँ पर साय:-ए-दीवार[1] बैठे हैं
1 गिरा-पड़ा, पद-दलित होना 2 दीवार की छाया

कहें हैं सब्र[1] किसको आह नंग-ओ-नाम[2] है क्या शय[3]
ग़रज़ रो पीट कर इन सबको हम यक बार बैठे हैं
1 धैर्य 2 मान-सम्मान और नाम 3 चीज़

कहाँ गर्दिश[1] फ़लक[2] की चैन देती है सुना 'इन्शा'
ग़नीमत[3] है कि हम-सूरत[4] यहाँ दो चार बैठे हैं
1,2 समय चक्र 3 क्या कम है 4 एक ही शक्ल वाले

❁

चश्म[1]-ओ-अदा-ओ-ग़म्ज़ः[2] शोख़ी-ओ-नाज़[3] पाँचों
दुश्मन हैं मेरे जी के बन्दः-नवाज़ पाँचों

1 आँख 2 अदा, इशारा 3 चंचलता और अभिमान 4 भक्तों पर कृपा करने वाला

क्या रंग-ए-ज़र्द[1]-ओ-गिर्या[2] क्या ज़ो'फ़[3]-ओ-दर्द-ओ-अफ़्गाँ[4]
इफ़्शाँ[5] करें हैं मिल कर मेरा ये राज़ पाँचों

1 पीला रंग 2 रोना 3 कमज़ोरी 4 रोना-धोना 5 खोलना

बार-ए-फ़िराक़[1] से है जूँ शम्अ' दिल को हर शब[2]
एहराक़[3]-ओ-दाग़-ओ-गिर्यः[4] सोज़-ओ-गुदाज़[5] पाँचों

1 विरह का बोझ 2 रात 3 तेज़ जलन 4 रोना 5 जलने / पिघलने की हालत

देखा है जब से तुझको छोड़ा है ज़ाहिदों[1] ने
तक़्वा[2]-ओ-ज़िक्र[3]-ओ-ज़ोह्द[4]-ओ-सौम[5]-ओ-नमाज़ पाँचों

1 धर्म परायण लोग 2 ख़ुदा का डर, संयम 3 ख़ुदा को याद करना 4 धर्म परायणता 5 रोज़ा

आराम-ओ-सब्र-ओ-ताक़त[1] होश-ओ-हया[2] कहाँ फिर
ले दिल के साथ ये भी ऐ इ'श्वः-साज़[3] पाँचों

1 धैर्य 2 हर्म 3 अदाएँ दिखाने वाला

मत पूछ कार-ए-'इन्शा' हिज्र[1]-ओ-विसाल[2] में कुछ
सब्र-ओ-जुनून-ओ-वहशत इ'ज्ज़-ओ-नियाज़[3] पाँचों

1 विरह 2 मिलन 3 विनम्रता और भक्ति भाव

❁

फबन[1] अकड़ छब[2] निगाह सज-धज[3] जमाल[4] तर्ज़-ए-ख़िराम[5] आठों[6]
न होवें उस बुत के गर पुजारी तो क्यों हो मेले का नाम आठों
1,2,3,4 सुंदरता, सज-धज 5 चाल 6 एक मेले का नाम

ज़क़न[1] ज़नख़्दाँ[2] लब[3]-ओ-दहान[4]-ओ-रुख़[5]-ओ-जबीन[6]-ओ-नमक[7] तबस्सुम[8]
सिखाए हैं उस परी को काफ़िर ये मिल के सब क़त्ल-ए-आ'म[9] आठों
1,2 ठोढ़ी 3 होंठ 4 मुंह 5 चेहरा 6 माथा 7 रंग 8 मुस्कुराहट 9 संघार

अदा-ओ-नाज़[1]-ओ-हिजाब[2]-ओ-ग़म्ज़ा[3] करिश्मा[4] शोख़ी[5] हया[6] तग़ाफ़ुल[7]
तुम्हारी चितवन के आगे आगे ये करते हैं एहतिमाम[8] आठों
1 अभिमान 2 पर्दा 3 अदा, इशारा 4 चमत्कार 5 चंचलता 6 शर्म 7 उपेक्षा करना 8 प्रबंध

झिझक लगावट चमक झमकड़ा[1] मलाल[2] ग़ुस्सा करम[3] रुकावट
किसी की बातों प करते हैं याँ[4] किसी का जी ही तमाम आठों
1 तेज़ रौशनी 2 दुख 3 कृपा 4 यहाँ

शकेब[1]-ओ-सब्र[2]-ओ-क़रार[3]-ओ-ताक़त निशात[4]-ओ-आराम-ओ-ऐ'श-ओ-राहत
तुम्हारी उल्फ़त[5] में खो के बैठा हूँ मैं तो अब ला-कलाम[6] आठों
1,2 सब्र 3 चैन 4 ख़ुशी 5 प्रेम 6 बेशक, निसंदेह

न पूछ मुझसे तू सय्यद 'इन्शा' कि नाम आ'शिक़ के क्या हैं वहशी[1]
ज़लील[2]-ओ-रुसवा[3] ख़राब-ओ-ख़स्ता[4] ग़रीब बन्दा[5] ग़ुलाम आठों
1 पगल 2 अपमानित 3 बदनाम 4 बदहाल और टूटाफूटा 5 ग़ुलाम

❄

जब तक कि ख़ूब वाक़िफ़-ए-राज़-ए-निहाँ[1] न हूँ
मैं तो सुख़न[2] में इ'श्क़ के बोलूँ न हाँ न हूँ

1 छुपे हुए रहस्य को जानने वाला 2 बातचीत, चर्चा

ख़ल्वत[1] में तेरी बार[2] न जल्वत[3] में मुझ को हाए
बातें जो दिल में भर रही हैं सो कहाँ कहूँ

1 एकांत 2 पहुँच 3 महफ़िल

शत्त-ए-अमीक़-ए-इ'श्क़[1] को ये चाहता हूँ मैं
अब्र-ए-मिज़ा[2] से रो के उसे बे-कराँ[3] करूँ

1 गहरा प्रेम-समुद्र 2 पलकों का बादल 3 असीम

नासेह[1] ख़याल-ए-ख़ाम[2] है क्या इस से फ़ाएदा
कब मेरे दिल से हो हवस-ए-दिल-बराँ[3] बरूँ[4]

1 उपदेशक 2 भ्रमात्मक विचार 3 मा'शूक़ों का कामना 4 बाहर

ख़ल्वत-सरा-ए-दिल[1] में ही हो कर के मो'तकिफ़[2]
बैठा हूँ क्या ग़रज़[3] कहीं ऐ जाहिलाँ[4] हिलूँ

1 दिल का एकांत 2 ध्यान मग्न 3 मतलब 4 अज्ञानियो

'इन्शा' करूँ जो पैरवी-ए-शैख़-ओ-बरहमन[1]
मैं भी उन्हों की तरह से जूँ गुमरहाँ[2] रहूँ

1 मुस्लिम और हिंदू धर्म गुरूओं का अनुयायी होना 2 गुमराहों की तरह

❁

तोड़ूँगा ख़ुम-ए-बादा[1]-ए-अंगूर की गर्दन
रख दूँगा वहाँ काट के इक हूर की गर्दन

1 अंगूर की शराब से भरी सुराही

ख़ुद्दार[1] की बन शक्ल अलिफ़-हाए-अनल-हक़[2]
नित चाहती हैं इक नई मन्सूर[3] की गर्दन

1 स्वाभिमानी 2 अलन-हक़ : मैं ख़ुदा हूँ का अलिफ़ (अक्षर) 3 इक सूफ़ी जिसने अनल-हक़ कहा और उसे फाँसी दी गई

आईने की गर[1] सैर करे शैख़[2] ये देखे
सर ख़ुर्स[3] का मुंह ख़ूक[4] का लंगूर की गर्दन

1 अगर 2 धर्मगुरू 3 भालू 4 सुवर

तब आ'लम-ए-मस्ती[1] का मज़ा है कि पड़ी हो
गर्दन प मिरी उस बुत-ए-मख़्मूर[2] की गर्दन

1 मस्ती की हालत 2 नशे में धुत मा'शूक़

ऐ मस्त ये क्या क़हर[1] है ख़िश्त[1]-ए-सर-ए-ख़ुम से
क्यों तू ने सुराही की भला चूर की गर्दन

1 प्रकोप, मुसीबत ईंट जिससे सुराही को ढकते हैं

ये आप हुस्न प अपने घमंड करते हैं
कि अपने शीश-महल में ही डंड[1] करते हैं

1 माथा टेकना, डंड लगाने की वर्ज़िश

न मुतरिबों[1] की किसी ने सुनी तो वो नाचार[2]
शरूअ'[3] धोबियों की तर्ह खंड[4] करते हैं

1 गाने बजाने वाले 2 मज्बूरी में 3 आरंभ 4 धोबी-गीत

ये सायादार दरख़्तों[1] की देखिए क़िस्मत
कि याँ बराबरी उनसे अरंड[2] करते हैं

1 पेड़ों 2 एक झाड़ी जो ऊँची नहीं होती

खिला के माल पुवे तरतराते मोहन-भोग
गुरू जी चेलों को अपने भसंड[1] करते हैं

1 मोटा

निकलती दिल से है इक आह बन के झाड़ पहाड़
जो तुझको याद हम ऐ झाड़खंड[1] करते हैं

1 जहाँ बहुत घने पेड़ हों

शराब उनको कहीं मत पिलाइयो 'इन्शा'
कि वो तो मस्त हो मज्लिस को भंड[1] करते हैं

1 बर्बाद, उथल-पुथल

वो जो शख़्स[1] अपने है ताड़[2] में सो छुपा है दिल ही की आड़ में
न वो बस्ती में न उजाड़ में न वो झाड़ में न पहाड़ में
1 व्यक्ति 2 ताड़ने में

मुझे काम तुझ से है ऐ जुनूँ न कहूँ किसी से न कुछ सुनूँ
न किसी की रद्द-ओ-क़दह[1] में हूँ न उखाड़ में न पछाड़ में
1 बहसा-बहसी, वाद-विवाद

ये सबा[1] ने क़ैस[2] से आ कहा कि सुना कुछ और भी माज्रा[3]
तिरे पास से जो चला गया तो खड़ा है नाक़ः[1] उजाड़ में
1 अच्छी हवा 2 मज्नूँ का नाम 3 कहानी, मामला 4 ऊँटनी, सवारी

कहीं खिड़कियों की तरफ़ बंधी मिरी टिकटिकी तो ऐ लो अभी
गुल-ए-नर्गिस[1] आ के लगा गई वो परी हर एक दराड़ में
1 नर्गिस का फूल जिसकी पत्ती आँख जैसी होती है

मिरी दिल में नश्शे का है मकाँ[1] मुझे सूझती हैं वो मस्तियाँ
कि खजूरी चोटियों वालियाँ[2] पड़ी फिरती हैं मिरे ताड़ में
1 मकान 2 ख़जूरी चोटी (खजूर के पत्तों से बनी पट्टी जेसे गूँधे गए बाल वाले मा'शूक़)

बड़ी दाढ़ियों प न जा दिला[1] ये सब आहुओं[2] के हैं मुब्तला[3]
ये शिकार खेले हैं बर्मला[4] इन्हीं टट्टियों[5] की तो आड़ में
1 ऐ दिल 2 हिरनों 3 फंसे हुए 4 सबके सामने 5 पर्दा

न कर अपनी जान को मुज़्महिल[1] अरे 'इन्शा' उनसे लगा न दिल
तू वगरना[2] होवेगा मुन्फ़इल[3] कहीं आ गया जो लताड़ में
1 थका हुआ, कमज़ोर 2 नहीं तो 3 लज्जित

❁

आज वो जल्वा-फ़रोज़[1] अपने जो मन्ज़र[2] में नहीं
तो चमक ज़र्रा[3] भी उस ख़ुसरव-ए-ख़ावर[4] में नहीं

1 रौशनी बिखेरता हुआ 2 दृश्य 3 कण / ज़रा 4 पूर्व दिशा का सम्राट अर्थात सूरज

ज़ोरे-ए-बाज़ू[1] से कमाते हैं सो ये कहते हैं
ख़ुश्क[2] रोटी में मज़ा है सो मुज़अ'फ़र[3] में नहीं

1 बाहुबल, मेहनत 2 सूखा / सूखी 3 एक स्वादिष्ट व्यंजन

आपके पास तो हैं सैंकड़ों चीज़ें मौजूद
लेकिन इन चीज़ों से कुछ अपने मुक़द्दर में नहीं

आज कुछ काम में हूँ कोई जो पूछे मुझको
तो ये बाहर ही से कह दीजो कि वो घर में नहीं

लिखने पढ़ने से मुआ'फ़[1] आप मुझे रखिएगा
ताक़त-ए-नामःबरी[2] मेरे कबूतर में नहीं

1 क्षमा, बचा हुआ 2 संदेश ले जाने की शक्ति

मेरी उम्मीद बर[1] आती है अब इन्शाअल्लाह[2]
कौन सी चीज़ है अल्लाह के जो घर में नहीं

1 पूरा होना 2 अगर अल्लाह ने चाहा

दिल को ले भागे किधर हाथ से तेरे 'इन्शा'
कोई खिड़की भी तो इस गुम्बद-ए-बेदर[1] में नहीं

1 आस्मान

यास[1]-ओ-उमीद-ओ-शादी[2]-ओ-ग़म ने धूम उठाई सीने में
ख़ूब मची है आज धमा-धम मार-कुटाई सीने में
1 निराशा 2 ख़ुशी

दीद[1] किया जो वादी-ए-मज्नूँ[2] हमने धुन में वहशत[3] की
शक्ल मुजस्सम[4] हो के जुनूँ की आन समाई सीने में
1 देखा 2 मज्नूँ की वीराना 3 पागलपन 4 साकार, साक्षात

शैख़-ओ-बरहमन[1] दैर-ओ-हरम[2] में ढूँढते हो क्या ला-हासिल[3]
मूँद के आँखें देखो तो है सारी ख़ुदाई सीने में
1 मुस्लिम-हिंदू धर्मगुरू 2 मंदिर-मस्जिद 4 व्यर्थ

क़ह्र किया ये तुम ने साहब आँख लड़ाना आफ़त था
झट-पट दिल को फूँक दिया और आग लगाई सीने में
1 मुसीबत

हज़रत-ए-दिल[1] तो कब के सिधारे ख़ूब जो ढूँडा 'इन्शा' ने
एक धुआँ सा आह का उट्ठा ख़ाक[2] न पाई सीने में
1 दिल महोदय 2 मिट्टी / धूल

ज़मीं पर रखते ये तस्वीर[1] वाले कुछ कुढब[2] डग[3] हैं
हर इक फाँसी में सौ सर है बड़े कज़्ज़ाक़[4] हैं ठग हैं

1 जापमाला फेरने वाले / धार्मिक लोग 2 भोंडा 3 क़दम 4 लुटेरा

छुपे क्या इन हकीमों[1] से हक़ीक़त[2] नब्ज़-ए-आदमी[3] की
नज़र करते ही वो जो ताड़ लेते कुल[4] की रग-रग हैं

1 चिकित्सक / तत्तव ज्ञानी 2 सच्चाई 3 आदम की नाड़ी 4 पूर्णता

गले लग-भग के सोना वो जो उनका याद पड़ता है
तो अपने सामने कुछ ग़ैब[1] से आ जाते लग-लग[2] हैं

1 अदृश्य संसार 2 लम्बी चोंच, पाँव, गर्दन वाले परिन्दे

अ'वामुन्नास[1] से मत रख तवक़्क़ो'[2] आदमिय्यत की
कि अक्सर गुर्ग[3]-ओ-रूबाह[4]-ओ-शिग़ाल[5]-ओ-गुरब:[6]-ओ-सग[7] हैं

1 आम लोग 2 अपेक्षा, आशा 3 भेड़िया 4 लोमड़ी 5 गीदड़ 6 बिल्ली 4 कुत्ता

शब-ए-हिज्राँ[1] में साँपों के चमकते हैं ये मन 'इन्शा'
न ये जुगनू न ये तारे न ये अलमास[2] के नग हैं

1 विरह की रात 2 हीरा

❁

छेड़ने का तो मज़ा तब है कहो और सुनो
बात में तुम तो ख़फ़ा हो गए लो और सुनो

तुम कहोगे जिसे कुछ क्यों न कहेगा तुमको
छोड़ देगा वो भला देखिए तो और सुना

ये भी इन्साफ़ है कुछ सोचो तो अपने दिल में
तुम तो सो कह लो मिरी कुछ न सुनो और सुनो

आप ही आप मुझे छेड़ो रुको फिर आफी[1]
आप ही बात में फिर रूठ रहो और सुनो

1 आप ही आप

बात मेरी जो नहीं सुनते अकेले मिल के
ऐसे ही ढब से सुनाऊँ कि सुनो और सुनो

शिक्वः-मन्द[1] आपसे 'इन्शा' हो सो उसका क्या दख़्ल[2]
तुम न मानो तो कहीं चुपके छुपो और सुनो

1 शिकायतों से भरा हुआ 2 अधिकार, पहुँच

❁

अपनी फिर कहियो हमारी पहले टुक सुन तो रहो
कर रखो अपना किसी को या किसी के हो रहो

साहबो मेरी सिफ़ारिश उससे कोई मत करो
देखो तो होता है क्या आख़िर को चुपके हो रहो

मेरे ही सर की क़सम है नाम जाने का न लो
मुझको पीटो आज अगर तुम अपने घर जाओ रहो

अब जवाँ फ़ज़्ल-ए-इलाही[1] हो चुके क्या डर तुम्हें
आओ बैठो खेलो कूदो लोटो पोटो सो रहो

1 ख़ुदा की कृपा से

दोस्तो 'इन्शा' के रोने को न देखो आँख खोल
फूट बहने दो कहीं दिल के फफोले को रहो

काम फ़रमाइए किस तर्ह से दानाई[1] को
लग गई आग ही याँ सब्र-ओ-शकेबाई[2] को
1 बुद्धिमानी 2 धैर्य और चैन

इ'श्क़ कहता है ये वहशत[1] से जुनूँ[2] के हक़[3] में
छेड़ मत बख़्तों-जले[4] मेरे बड़े भाई को
1 पागलपन 2 दीवानगी 3 पक्ष 4 अभागा

क्या ख़ुदाई है मुंडाने लगे अब ख़त[1] को वे लोग
देख कर ड्योढ़ी में छुप रहते थे जो नाई को
1 दाढ़ी

इक बगूला[1] जो फिरा नाक़:-ए-लैला[2] के गिर्द
याद कर रोने लगी अपने वो सहराई[3] को
1 चक्रवात, बवंडर 2 लैला की ऊँटनी 2 रेगिस्तान / वीराने में फिरने वाला

मस्त जारूब-कशी[1] करते हैं याँ पलकों से
का'बा कब पहुँचे है मयख़ाने की सुथराई को
1 झाड़ू लगाना

जी में क्या आ गया 'इन्शा' के ये बैठे बैठे
कि पसन्द उसने किया आ'लम-ए-तन्हाई[1] को
1 एकांत की हालत

❀

मरता हूँ अजी ज़बाँ से बोलो
बोलो मुझ ना-तवाँ[1] से बोलो

1 कमज़ोर

बस हज़रत-ए-दिल[1] न रूठो उससे
अपने तुम दिल-सिताँ[2] से बोलो

1 दिल महोदय 2 दिल चुराने वाला / मा'शूक़

साहब का न चाहता हो गर दिल
तो ख़ातिर-ए-दोस्ताँ से बोलो

बिन बोले न रह सकोगे हर्गिज़[1]
उस मुश्फ़िक़-ओ-मेह्रबाँ[2] से बोलो

1 कभी भी 2 कृपा करनेवाला / दयालु

मैं तो ग़श[1] हूँ कहाँ तलक नाज़[2]
है है मुझ नीम-जाँ[3] से बोलो

1 बेहोश 2 अभिमान 3 अधमरा

का'बे में न ढूँढ मेरे दिल को
उसकी कू-ए-बुताँ[1] से बू लो

1 मूर्तियों / मा'शूक़ों की गली

बस हमसे न बोलो जाओ अपने
इन्शाअल्लाह ख़ाँ से बोलो

❁

दे एक शब को अपनी मुझे ज़र्द[1] शाल तू
है मुझको सूँघने की हवस सो निकाल तू
1 पीला / पीली

पहुँचे महक न उसकी परिस्तान में कहीं
सोंधा[1] लगा के खोल न यूँ सर के बाल तू
1 बालों में लगाइ जाने वाली ख़ुश्बू

देख आइने में अ'क्स को कहने लगा वो शोख़[1]
टुक मेरे गाल से तू मिला अपने गाल तू
1 चंचल मा'शूक़

सदक़े[1] मैं उस घड़ी के नशे में वो जब कहे
चलता हूँ पाँव पर मिरे बाज़ू संभाल तू
1 न्योछावर

ये राग और लाए नया वो कि कहते हैं
टप्पा तू मुझसे सुन ले वले[1] गा ख़याल तू
1 लेकिन

मत पन्जा झाड़ कर के चिमट चल परे सरक
बस ऐ जुनूँ न हो मिरे जी का वबाल[1] तू
1 मुसीबत, बोझ

इतना भी तू गले न पड़ 'इन्शा' अब उसके बस
कहता हूँ सोच खेल ज़रा देख भाल तू

कीजे इक़्रार[1] कुछ ऐसा कि फिर इन्कार न हो
या'नी आपस में किसी डौल[2] की तक्रार[3] न हो
1 मानना, स्वीकार 2 प्रकार 3 बहस, झगड़ा

उसके मिलने से गरानी[1] ही फिर आ जाती है
निक्हत-ए-गुल[2] की तरह से जो सुबुक-सार[3] न हो
1 भारीपन 2 फूल की सुगंध 3 सूक्ष्म, कोमल, हलका-फुलका

सैर तो एक तरफ़ लाख ग़नीमत[1] कि यहाँ
साँस लेने में कोई शख़्स[2] गुनहगार[3] न हो
1 पर्याप्त 2 व्यक्ति 3 पापी

चाहिए कीजे ख़रीदारी उसी जिन्स[1] की अब
जिसकी मुत्लक़[2] कहीं कुछ गर्मी-ए-बाज़ार[3] न हो
1 सामान 2 बिल्कुल 3 माँग, खपत

सत्र[1] मन्सूर के लोहू[2] से हुई ये तहरीर[3]
या'नी सरदार नहीं वो जो सर-ए-दार[4] न हो
1 शब्दों की पंक्ति 2 ख़ून 3 लिखा गया, लेख 4 फाँसी के फंदे में

हर तरफ़ हैं तिरे दीदार[1] के भूके लाखों
पेट भर कर कोई ऐसा भी तरहदार[2] न हो
1 दर्शन 2 बाँकपन / अदाओं वाला

जिस तरह फूल की बास ऐसी मुलाक़ात अच्छी
जिससे ख़ातिर[1] को किसी शख़्स[2] के कुछ बार[3] न हो
1 दिल 2 व्यक्ति 3 बोझ

❁

बेकली से तिरी कुछ दिल को सरोकार न हो
तेरी नर्गिस[1] भी इलाही कभी बीमार न हो

1 एक फूल, ख़ूबसूरत आँख

गुदगुदी फूल की पंखुड़ी से मुझे छुटती है
सोच कुछ तेरे गले की तो कभी हार न हो

न चले ऐसी हवा भी जो बुरी तुझ को लगे
फूल ऐसा न खिले जो तुझे दरकार न हो

होवे रे वाव ज़बर रौ[1] जो रुकावट[2] रख्खे
क्यों वो दुनिया में रहे जिससे तुझे प्यार न हो

1 जाना, चलना 2 मन मुटाव

गर्म हो कर तिरी मज्लिस[1] में न आवे जो शख़्स[2]
या-रब उसकी तो कहीं गर्मी-ए-बाज़ार न हो

1 महफ़िल 2 व्यक्ति 3 माँग, स्वीकार

तेरी ज़ुल्फ़ों के न अलझेड़े में जो कोई फँसे
वो जहाँ जाए किसी तरह नुमूदार[1] न हो

1 प्रकट होना, चेहरा दिखाना

आवें मिलने को अगर बाग़[1]-ए-इरम की परियाँ
बिन कहे उनको भी मज्लिस में तिरी बार[2] न हो

1 स्वर्ग का बाग़ 2 आने की आज्ञा

तेरे दिल पर न किसी ढब से गरानी[1] आवे
तेरे दुश्मन के भी दुश्मन को कुछ आज़ार[2] न हो

1 भारीपन 2 कष्ट, रोग

तुझको धोका जो किसी काम में देवे आ कर
तो वो जो काम करे उसको सज़ावार[1] न हो

1 अनुकूल, उपयुक्त

सामने तेरे जो यूसुफ़[1] को भी बेचें आ कर
तो ज़ुलेख़ा[2] भी कभी उसकी ख़रीदार न हो

1 एक पैग़म्बर जिनका सौंदर्य मशहूर है 2 मिस्र के अज़ीज़ की बीवी का नाम

माँगता हूँ ये दुआ' अपनी ख़ुदा से कि कभी
बात जो तेरे मुख़ालिफ़[1] हो सो ज़िन्हार[2] न हो

1 विरूद्ध 2 बिल्कुल

नित हँसी और ख़ुशी ही रहे इन्शाअल्लाह
मेरे वाली[1] वो किसी चीज़ से लाचार न हो

1 आक़ा

हैफ़[1] जो सोहबत-ए-दैरीना[2] तुम्हें याद न हो
सबसे ख़ल्ते[3] रहें और कुछ हमें इर्शाद[4] न हो
1 अफ़्सोस 2 पुराना साथ 3 मेल-जोल 4 कहना

है ये इन्साफ़ भला ख़ुश रहे बस तू ही फ़क़त[1]
छुट[2] तिरे इक मुतनफ़्फ़िस[3] कभी दिल-शाद[4] न हो
1 केवल 2 अतिरिक्त 3 जानदार जीव 4 ख़ुश

ख़ाना-आबाद[1] जो उजड़े हुवे हों उनको बसा
न कि ये क़स्द[2] कि कोई कहीं आबाद न हो
1 घर में बले लोग 2 इरादा

बे-सुतूँ[1] पर जो खिला लाला[2] तो शीरीं[3] ने कहा
मुझे डर है कि ये ख़ून-ए-सर-ए-फ़र्हाद[4] न हो
1 वो पहाड़ जिसे फ़र्हाद ने काटा था 2 एक लाल फूल 3 फ़र्हाद की मा'शूक़ 4 फ़र्हाद के सर का ख़ून

शोर इतना न कर ऐ मुर्ग़-ए-नवासन्ज[1], ख़मोश
याँ कोई दाम[2] लगाए कहीं सय्याद[3] न हो
1 चहचहाने वाला परिन्दा 2 जाल 3 शिकारी

कुल्लियात[1] एक तरफ़ तुझसे किसी ढब से कभी
अम्र-ए-जुर्ज़ई[2] में भी कुछ बन्दे की इमदाद[3] न हो
1 बुनयादी सिद्धांत 2 छोटी-छोटी बातें 3 सहायता

हो जो 'इन्शा' को इजाज़त[1] तो भरे वो नाला[2]
कभी बुलबुल के फ़रिश्तों को भी जो याद न हो
1 आज्ञा 2 फ़र्याद, रूदन

❁

लो फ़क़ीरों की दुआ’ हर तरह आबाद रहो
ख़ुश रहो मौजें करो ताज़ा रहो शाद[1] रहो

1 ख़ुश

दाम[1] में से जो छुटे हैं उन्हें ये हुक्म हुआ
कि बस अब गिर्द-ए-दर[2]-ए-ख़ानः-ए-सय्याद रहो

1 जाल 2 शिकारी के घर के दरवाज़े के आसपास

जा के औरों से बदों[1] याद-ए-फ़रामोश[2] वले[3]
ख़ुद-फ़रामोश[4] को मौला[5] मिरे तुम याद रहो

1 शर्त लगाना 2 भूली हुई याद 3 लेकिन 4 ख़ुद को भूला हुआ 5 मालिक

सूरत आवे जो नज़र खींच लो उस की तस्वीर
अपने इस वक़्त के तुम मानी[1]-ओ-बहज़ाद[2] रहो

1 चेहरा 2 प्राचीन चित्रकारों के नाम

ऐ’श-ओ-इ’शरत[1] करो हर वक़्त तुम 'इन्शा-अल्लाह'
हुस्न चमकाए फिरो सब में परी-ज़ाद[2] रहो

1 आनंद, मौज-मस्ती 2 परियों जैसे

❋

बोले वो अपने सर्व[1]-ए-ख़ामाँ[2] को ताड़ बांध
गर क़स्द-ए-बोसा[2] होवे तो गिर्द[3] उसके पाड़ बांध

1 एक लम्बा पेड़ / मा'शूक़ का लम्बा क़द 2 चलता हुआ 3 चुंबन का इरादा 4 चारों ओर

चोटी किसी परी की जो फिर जावे ध्यान में
मज़्मून[1]-ए-शे'र में उसे काला पहाड़ बांध

1 शे'र का विषय

लैला-वशों[1] के गर मिज़ः[2] याद आवें तो उन्हें
तू क़ैस[3] बन के ख़ार-ए-मुग़ीलाँ[4] का झाड़ बांध

1 लैला जैसे मा'शूक़ों 2 पलकें 3 मज्नूँ 4 बबूल का काँटा

ले हल्क़ः-हा-ए-चश्म[1] की ज़न्जीर कर दुरुस्त[2]
पलकों में खोल-मूँद है उनके किवाड़ बांध

1 आँख के घेरे 2 ठीक

तिम्साल[1] से जो आइनः आबाद है तो क्या
उसको फ़क़त[2] सफ़ा[3] के सबब[4] तू उजाड़ बांध

1 प्रतिबिंब 2 केवल 3 सफ़ाई 4 कारण

जो दानःहा-ए-अन्जुम-ए-गरदूँ[1] को डाले भून
उस आह-ए-शो'ला[4]-ख़ैज़[2] को 'इन्शा' तू भाड़ बांध

1 आस्मान के सितारों के दाने 2 शो'ले जैसी आह

❀

नींद-मस्तों[1] को कहाँ और किधर का तकिया
ख़िश्त-ए-ख़ुम-ख़ानः[2] है याँ अपने तो सर का तकिया

1 नींद में मस्त 2 शराब-के मटके पर रखी ईंट

लख़्त-ए-दिल[1] आ के मुसाफ़िर से ठहरते हैं यहाँ
चश्म[2] है हम से गदाओं[3] की गुज़र[4] का तकिया

1 दिल के टुकड़े 2 आँख 3 भिखारियों 4 रास्ता

चैन हर्गिज़[1] नहीं मख़मल के उसे तकिये पर
उस परी के लिए हो हूर के पर का तकिया

1 किसी तरह भी

सर तो चाहे है मिरा होवे मयस्सर[1] तेरे
हाथ का बाज़ू का ज़ानू[2] का कमर का तकिया

1 उपलब्ध 2 गोद

गरचे[1] हम सख़्त गुनहगार हैं लेकिन वल्लाह[2]
दिल में जो डर है हमें है उसी डर का तकिया

1 यद्यपि 2 अल्लाह की कसम

शौक़ से सोइए सर रख के मिरे ज़ानू पर
इस को मत समझिए कुछ ख़ौफ़-ओ-ख़तर[1] का तकिया

1 डर और ख़तरा

जब तलक आप न जागेंगे रहेगा यूँ ही
सरकेगा तब ही कि जब कहियेगा : 'सरका तकिया'

❀

क्या काम हमको सज्दा-ए-दैर-ओ-हरम[1] के साथ
मस्तों का सर झुके है सुराही के ख़म[2] के साथ

1 मंदिर मस्जिद में सर झुकाना 2 झुकना

ओ जाने वाले मुड़ के ज़रा देखियो इधर
मानिन्द-ए-साया[1] हम भी हैं तेरे क़दम के साथ

1 साए की तरह

ऐ रह-रवान-ए-मुल्क-ए-फ़ना[1] मुस्तइ'द[2] रहो
तय्यार हो रहे हैं बहुत से अ'दम[3] के साथ

1 नश्वरता / शून्य की राह के राही 2 तय्यार 3 अनस्तित्व

है तब मज़ा कि आँख मिचौली के खेल में
हम-सिन[1] कई हों लड़के परी उस सनम के साथ

1 हम-उ'म्र

दालान में हर एक को दौड़ाए और मुझे
चुपके से यूँ कहे तू लिपट रहियो थम के साथ

फिर चोर चोर कह के पकड़ ले जो मेरा हाथ
दे मुंह से मुंह मिला वहीं लुत्फ़-ओ-करम[1] के साथ

1 प्रेम और कृपा

तब्दील-ए-क़ाफ़िया[1] से धुआँ-धार इक ग़ज़ल
'इन्शा' सुना दे और भी सुल्फ़े के दम के साथ

1 क़ाफ़िये बदल कर

किसी से उठ सके क्या मुझ जिला-वतन[1] का बोझ
कि इ'श्क़ है मिरे काँधे प लाख मन का बोझ

1 अपने देश से निष्कासित

हिला के क़ाफ़[1] को हर-चन्द[2] हूँ उठा सकता
पर अपने से नहीं उठता कड़े सुख़न[3] को बोझ

1 क़ाफ़ नाम का पहाड़ जहाँ परियाँ रहती हैं 2 यद्यपि 3 बात

सहर[1] सबा ने भी मेरे ही दोश[2] पर पटका
न थम सका जो तिरी बू-ए-पैरहन[3] का बोझ

1 सुब्ह 2 काँधा 3 लिबास की महक

अगर ब्याह के दिन गोद में तो ले आया
न राजा नल से फिर उठा दिल-ए-दमन[1] का बोझ

1 दमन का दिल

बड़ा ग़ज़ब[1] है कि तुझसे जवान से 'इन्शा'
जो उत सके न ख़ुम-ए-बाद:-ए-कुहन[2] का बोझ

1 मुसीबत 2 पुरानी शराब का मटका

❀

जिगर में हो गए खा कर तिरी सिनान-ए-निगाह[1]
बसान[2]-ए-पर्दः-ए-बादाम सब निशान-ए-निगाह

1 नज़र की कटारी 2 बादाम के छिलके जैसे

निगाह-ए-लुत्फ़[1] न कीजे मुदाम[2] हम प अगर
तो हज़्फ़-ए-नूँ[3] से सही है जो दर्मियान-ए-निगाह[4]

1 प्यार भरी नज़र 2 सदैव 3 नूँ का हटाना 4 निगाह के बीच

सितम[1] बस इतने भी मत कीजिए कि आ'शिक़ की
लिबास-ए-आह[2] पहन बैठे नीम-जान-ए-निगाह[3]

1 अत्याचार 2 आहों का लिबास 3 निगाह के बार से अधमरा आ'शिक़

ज़माना ज़ेर-ओ-ज़बर[1] हो गया बरा-ए-ख़ुदा[2]
न क़त्ल-ए-आ'म[3] कर ऐ नादिर-ए-जहान-ए-निगाह[4]

1 उथल-पुथल 2 ख़ुदा के लिए 3 नरसंघार 4 निगाहों के संसार की अद्वितीय निगाह

मिलाई आँख जो तुमने तो लोग सब बोले
कि जान लेने को पहुँचे फ़रिश्तः-ख़ान-ए-निगाह[1]

1 निगाह के फ़रिश्ता-ख़ान

लगा कर गले रफ़्अ'[1] दिल की तपिश[2] की
बड़ी आपने आज ये पर्वरिश[3] की

1 दूर करना, मिटाना 2 जलन 3 कृपा

कहा मैं ने सैर-ए-चमन को चलो टुक
लगे कहने मत बात कर उस रविश[1] की

1 रास्ता

यही पाँव जाने[1] हैं ऐ दश्त-ए-ग़ुर्बत[2]
कि उन साथ ख़ारों[3] ने क्या सर्ज़निश[4] की

1 जानते हैं 2 परदेस का वीराना 3 काटों 5 डाँट-फटकार

तबीअ'त[1] को वहशत[2] ने घबरा लिया है
जुनूँ[3] ने ग़रज़[4] फेर[5] हमसे ख़लिश[6] की

1 दिल 2 डर, घबराहट 3 दीवानगी 4 उद्देश्य 5 पलटना 6 दुश्मनी

उसे दो बजे रात को खींच लाया
तड़पने ने 'इन्शा' के ऐसी कशिश[1] की

1 आकर्षण

शब ख़ानः-ए-रक़ीब[1] में ता-सुब्ह[2] सो चुके
अब फ़ायदा मुकरने से हम देख तो चुके

1 ग़ैर का घर 2 सुब्ह तक

कहते हो जिन्स-ए-दिल[1] को हमारी बग़ल में देख
बोलो ना, बेचते हो तो, क़ीमत कहो, चुके

1 दिल रूपी सामान

क़ीमत है एक बोसः[1] दम-ए-नक़्द[2] ऐसे जी
तुम चाहते हो मुफ़्त में कुछ लो न दो, चुके

1 चुंबन 2 नक़द लेन-देन

वल्लाह[1] मैं भी तंग हूँ अब काश ऐ सनम[2]
जो कुछ नसीब[3] में हो कहीं जल्द हो चुके

1 अल्लाह की क़सम 2 मा'शूक़ 3 भाग्य

ग़ैरों[1] से बातचीत है मेरे ही सामने
ये हाल है तो ख़ैर मुझे आप खो चुके

1 रक़ीबों / मा'शूक़ के अन्य आ'शिक़

ख़्वाब-ए-अ'दम[1] से शोर-ए-जुनूँ[2] ने जगा दिया
'इन्शा' बस और नींद कहाँ ख़ूब सो चुके

1 अनस्तित्व की नींद 2 दीवानगी का शे'र

❀

कब चाहूँ हूँ मैं सिर्फ़ मुलाक़ात की ठहरे
तब ख़ुश हो मिरा दिल कि जब उस बात की ठहरे

दो बातें करूँ अ'र्ज़[1] मैं ख़िदमत[2] में तुम्हारी
सोहबत[3] मिरी और आपकी गर रात की ठहरी

1 कहना 2 सेवा 3 मिलन

हैं हम भी भले आदमी आए हैं तिरे पास
आँखें न चुरा कुछ तो मदारात[1] की ठहरे

1 स्वागत-सत्कार

बोसा[1] ही तड़ाक़े का मज़े की कोई गाली
झिड़की ही तबस्सुम[2] ही ग़रज़ घात की ठहरे

1 चुंबन 2 मुस्कुराहट

आता है यही जी में कि दस्तार[1] गिरौ रख
फिर आज ज़रा सैर-ए-ख़राबात[2] की ठहरे

1 पगड़ी 2 गिरवी 3 शराबख़ाने की सैर

नींद उड़ गई आँखों से कुछ इस रात तो 'इन्शा'
उस शोख़[1] सितम-गर[2] की हिकायात[3] की ठहरे

1 चंचल 2 अत्याचारी 3 बातें / कहानियाँ

❀

आने अटक अटक के लगी साँस रात से
अब है उमीद सिर्फ़ ख़ुदा ही की ज़ात[1] से

1 अस्तित्व

साक़ी[1] हवा-ए-सर्द[2] को तू सरसरी[3] न जान
कैफ़िय्यत[4] उस की पूछ बनात-ए-नबात[5] से

1 शराब पिलाने वाला / मा'शूक़ 2 ठंडी हवा 3 साधारण चीज़ 4 आनंद
5 नई उगी घास

अपना सनम[1] वो क़ह्र[2] है ऐ बरहमन कि गर[3]
देखे मनात[4] को तो गिरा देवे लात[5] से

1 मूर्ति / मा'शूक़ 2 प्रकोप 3 अगर 4 एक बुत का नाम जो का'बे में था
5 का'बे के एक बुत का नाम, लात मारना

पेश आइए ब-शफ़क़त-ओ-लुत्फ़[1] उससे शैख़[2] जी
बिन्त-उल-इ'नब[3] को जानिए अपने बनात[4] से

1 प्यार मोहब्बत से 2 धर्मगुरू 3 अंगूर की बेटी / शराब 4 बेटियाँ

हासिल किया जो हम ने क़दम[1]-बोस-ए-पीर-ए-दैर
आई सदा-ए-इ'श्क़[2] दर-ए-सोमनात[3] से

1 मंदिर के बड़े पुजारी के पाँव चूमना 2 इ'श्क़ की आवाज़ 3 सोमनाथ मंदिर
का दरवाज़ा

'इन्शा' ने आ लगा ही लिया तुमको बात में
ज़ालिम वो चूकता है कोई अपनी घात से

❁

किनाया[1] और ढब का इस मिरी मज्लिस[2] में कम कीजे
अजी सब ताड़ जावेंगे न ऐसा तो सितम[3] कीजे
1 इशारा 2 महफ़िल 3 अत्याचार

तुम्हारे वास्ते सहरा-नशीं[1] हूँ एक मुद्दत से
बसान-ए-आहू-ए-वहशी[2] न मुझसे आप रम[3] कीजे
1 रेगिस्तान में भटकने वाला 2 जंगली हिरन की तरह 3 दूर भागिए

महाराजों के राजा ऐ जुनूँ डंडौत[1] है तुम को
यही अब दिल में आता है कोई पोथी रक़म[2] कीजे
1 दंडवत प्रणाम 2 लिखना

गले में डाल कर जुन्नार[1] क़श्क़ा[2] खींच माथे पर
बरहमन बनिए और तौफ़-ए-दर-ए-बैतुस्सनम[3] कीजे
1 जनेऊ 2 तिलक 3 मंदिर की परिक्रमा

मलंग आपस में कहते थे कि ज़ाहिद[1] कुछ जो बोले तो
इशारा उसको झट सू-ए-नर अंगुश्त[2]-ए-शिकम[3] कीजे
1 धर्म परायण व्यक्ति 2 अंगूठे की ओर 3 पेट

फ़क़ीरों[1] साथ ये ता'ज़ीम[2] लम्बे ख़र्च कम कीजे
न उठिए मुर्शिद[3] अल्लह[4] बैठिए दाता करम[5] कीजे

1 फ़क़ीरों के साथ 2 सम्मान देना 3 गुरू 4 अल्लाह के लिए 5 कृपा

जुनूँ ऐ मेरे मुर्शिद हो अगर मर्ज़ी तो या मौला
दर-ए-बैतुस्सनम[1] के पास वक़्फ़ा[2] कोई दम[3] कीजे

1 मंदिर का दरवाज़ा 2 रुकना 3 पल

फ़ना-फ़िल्लाह[1] के रुत्बे से बाबा हो जो आगाही[2]
तो कुछ जीने से ख़ुश होजे न कुछ मरने का ग़म कीजे

1 ईश्वर में लीन हो जाना 2 जानना, ज्ञान

गदायान-ए-ख़राबात-ए-मुग़ाँ[1] का ज़ोर आ'लम है
जो सब्ज़ः[2] घोंटिए उनका तो सैर-ए-जाम-ए-जम[3] कीजे

1 शराबख़ाने के भिखारी 2 भंग घोंटना 3 जाम-ए-जम : जिसमें सारी दुनिया दिखाई देती थी

नहीं इस शह्र में कोई जो आज़ादों[1] का तालिब[2] हो
उदासा[3] कसिए ऐ वहशत बस इस नगरी से रम[4] कीजे

1 सामाजिक, धार्मिक बंधनों से आज़ाद लोग 2 चाहने वाला 3 यात्रा के लिए तय्यार होना 4 भागना

ज़रा अब तख़्त-ए-रब्बुल-आ'लमीं[1] को देखिए चल कर
फिर आगे बढ़िए वाँ से सैर-ए-गुल्ज़ार-ए-इरम[2] कीजे

1 ख़ुदा का तख़्त 2 स्वर्ग के बाग़

आती थी एक हूर मुझे देख हट गई
दाँतों के नीचे दाब ज़बाँ चट पलट गई

आहट को मेरी ताड़ के चौखट से झट उचक
झट पट वो हट किवाड़ के पट से चिमट गई

आई नसीम-ए-सुब्ह[1] जो कल कू-ए-यार[2] से
हम-राह[3] फ़ौज होश की ले ग़ट की ग़ट[4] गई

1 सुब्ह की हवा 2 मा'शूक़ की गली 3 साथ 4 ग़ट की ग़ट : बड़ी संख्या में

थी सलसलाहट[1] उसकी ये कुछ नर्म गात[2] में
जब वाँ निगह का ध्यान पड़ा झट रपट गई

1 नमी 2 जिस्म / शरीर

शब[1] मैंने जूँ हीं हाथ लगाया तो वो परी
बे-इख़्तियार[2] शर्म के मारे सिमट गई

1 रात 2 सहसा

हम दो घड़ी भी साथ तिरे सो रहे न हाए
बातों में यूँ ही चार पहर रात कट गई

'इन्शा' की गुफ़्तुगू[1] वो धुआँ-धार है कि आज
आ कर बहार उसके गले से लिपट गई

1 बातचीत

चमन में जाम-ए-सहबा[1] है घटा है जा-ए-ख़ल्वत[2] है
अगर ऐसे में आ जाओ तो साहब वक़्त-ए-फ़ुर्सत[3] है

1 शराब का प्याला 2 एकांत 3 ख़ाली वक़्त

रगड़ने दो मुझे तलवों से अपने टुक तो आँखें तुम
तसद्दुक[1] मैं तुम्हारे जाऊँ मुझको इसमें राहत[2] है

1 न्योछावर 2 आराम

मबादा[1] झाड़ कर पंजे चिमट जावे कहीं वहशत
बुरे तेवर नज़र आते हैं मुझको इससे दहशत[2] है

1 ऐसा न हो 2 डर

अभी से मत निकालो लाम[1]-ओ-क़ाफ़[2] अपनी ज़बाँ से तुम
अलिफ़[3] बे[4] याद तो कर लो भला ये कौन बाबत[3] है

1,2 उर्दू के दो अक्षर / गाली देना 3,4 उर्दू अक्षर 5 मामला

भला आख़ून[1] जी साहब को आने दो कहूँगा मैं
कि ऐ हज़रत-सलामत[2] आप सुनिए ये हक़ीकत[3] है

1 अध्यापक 2 महोदय 3 सच

बदल कर क़ाफ़िया 'इन्शा' ग़ज़ल अब और कोई पढ़
ख़ुदा के फ़ज़्ल[1] से तुझको फ़साहत[2] है बलाग़त[3] है

1 कृपा 2 शब्दों की सुंदर संयोजन 3 संप्रेषण-क्षमता

निकले है ख़ूँ ठहर ठहर दिल की हर इक ख़राश[1] से
छेड़ दो उसको दोस्तो तेज़ क़लम-तराश[2] से

1 ख़रोंच, छिला होना 2 क़लम छीलने का चाक़ू

साक़ी-ए-शोख़[1]-चश्म अगर हो न गज़क[2] तो बह्र-ए-शग़्ल[3]
कीजे तनक़्क़ुल[4] अब शुरूअ'[5] मेरे जिगर की क़ाश[6] से

1 शरारत भरी आँखों वाला साक़ी / मा'शूक़ 2 शराब के साथ खाने वाली चीज़ 3 शराब पीते हुए 4 थोड़ा-थोड़ खाना 5 आरंभ 6 टुकड़ा

बिन लिए बोसे[1] पाँच सात ऐसे जी कोई छोड़ूँ हूँ
चढ़ गए हो तुम अपने हाथ आज बड़ी तलाश से

1 चुंबन

हज़रत-ए-इ'श्क़[1] दैर[2] में रहते हो या हरम[3] में तुम
मुझको नहीं कुछ इत्तिलाअ' आपकी बूद-ओ-बाश[4] से

1 इ'श्क़ महोदय 2 मंदिर 3 मस्जिद 4 ख़बर

है ये दो-रोज़ः[1] ज़िन्दगी हमको वबाल-ए-गर्दन[2] आह
ऐ वो ख़ुशा[3] जो छुट गए दग़दग़ः-ए-मआ'श[4] से

1 दो दिन की 2 गर्दन का बोझ 3 क्या ही अच्छा हुआ 4 रोज़ी-रोटी की चिंता

❁

शह्र से दिल उचाट है उन्स[1] नहीं उजाड़ से
सर को पटकिए ऐ जुनूँ कौन से अब पहाड़ से
1 लगाव

बैठिए बांध टिकटिकी क्यों न भला किवाड़ से
निकले है झाँक-ताक की बास कुछ इस दराड़ से

बे-ख़बर[1] आ गया जो मैं झट से शब[2] उसके सामने
मुंह को छुपा लिया तमाम हाथ की अपने आड़ से
1 अन्जाने में 2 रात

रायत-ए-आह[1] पेशरौ[2] फ़ौज-ए-सरिश्क[3] दर-जिलौ[4]
हज़रत-ए-इ'श्क़[5] आए तो ज़ोर ही भीड़ भाड़ से
1 आह के झंडे 2 आगे-आगे 3 आँसुओं की फ़ौज 4 साथ-साथ 5 इ'श्क़ महोदय

सुब्ह जो उठ के आए हम दिल में यही ख़याल था
रुक[1] न रहे हों शायद आप रात की छेड़-छाड़ से
1 रुकना : शर्माना

लिपटे जो हम तो उनने शब[1] सर प ज़मीन ली उठा
धूम से ग़ुल[2] से चीख़ से शोर से तौबः-धाड़[3] से
1 रात 2 शोर 3 चीख़-पुकार

आमद-ओ-शुद[1] रही न जो 'इन्शा' गली में उसकी अब
ख़ूब[2] हुआ कि बच गए रोज़ की हम लताड़ से
1 आना-जाना 2 अच्छा

बस्ती तुझ बिन उजाड़ सी है
कम-बख़्त[1] ये शब[2] पहाड़ सी है

1 अभागा / अभागी, मगर यहाँ भाव बुराई करने का है 2 रात

शायद कि हुई सरायत-ए-इ'श्क़[1]
कुछ सीने में चीर-फाड़ सी है

1 इ'श्क़ का फैलाव / गहराई में उतरन

हर-चन्द[1] कि बोलते नहीं वो
बाहम[2] पर छेड़-छाड़ सी है

1 यद्यपि 2 आपस में

सो रहते हैं एक साथ लेकिन
तल्वार की बीच आड़ सी है

'इन्शा-अल्लाह' शायद आया
उस कूचे[1] में भीड़-भाड़ सी है

1 गली

क़ासिद[1] आया और लाया वस्ल[2] का पैग़ाम[3] भी
दिल मुबारक[4] हो तुझे अब चैन भी आराम भी

1 संदेश-वाहक 2 मिलन 3 संदेश 4 बधाई

मैं कहा टुक चलिए मेरे घर कहा बाइ'स[1] सुनूँ
किस सबब[2] किस वास्ते[3] काहे को क्यों कुछ काम भी

1,2,3 कारण

वलवले[1] में तेरे छोड़ा हमने सुन ऐ ख़ुद-पसन्द[2]
बुतकदा[3] भी सौमिआ'[4] भी कुफ़्र भी इस्लाम भी

1 जोश 2 आत्म-मुग्ध 3 मंदिर 4 गिरजा-घर

बन्दगी[1] है अपनी सब से मेह्‌रबाँ[2] हैं अपने सब
शीअ:'-ओ-सुन्नी-ओ-सूफ़ी रिन्द-ए-दर्द-आशाम[4] भी

1 सलाम-दुआ' 2 कृपाशील 3 शिया 4 दर्द की शराब पीने वाले

कुछ तिही-दस्ती[1] ही तन्हा[2] दुश्मन 'इन्शा' की नहीं
इ'श्क़-ओ-हिज्र[3]-ओ-नौजवानी गर्दिश-ए-अय्याम[4] भी

1 ख़ाली हाथ होना 2 अकेला / अकेली 3 विरह 4 समय-चक्र

क़सम न खाइयो ज़ालिम[1] तू मय[2] के पीने से
वगर्ना[1] होंगे हम आजुर्दा[3] अपने जीने से
1 अत्याचाा 2 शराब 3 दुखी

अगर मैं पाऊँ अकेला तुझे कहीं है-है
तो किस मज़े से लगा रखूँ अपने सीने से

चमकते चाँद के हैं गिर्द जिस तरह तारे
अ'जब मज़ा है तिरे मुखड़े पर पसीने से

वो सुन के अ'र्ज़[1] को 'इन्शा' की इस तरह बोला
किसे ग़रज़[2] है अ'बस[3] मुंह लगे कमीने से
1 प्रेम-निवेदन 2 मत्लब 3 बेकार

❁

मय पिए क़श्क़:[1] दिए का'बे में नाक़ूस[2] लिए
ऐ दिल आए हैं हम अब फ़ाएदा अफ़्सोस[3] किए

1 तिलक, टीका 2 शंख 3 पश्चाताप

आते ही मयकद:-ए-इ'श्क़[1] में मैं चन्द[2] क़दह[3]
पए-दफ़्अ-ए'-ख़िरद[4]-ओ-रुख़्सत-ए-नामूस[5] पिए

1 इ'श्क़ का शराबख़ाना 2 कुछ 3 प्याले 4 बुद्धि को दूर करने के लिए 5 मान-सम्मान छोडनो के लिए

दिल-ए-सद-चाक[1] किसू का न रफ़ू तुझ से हुआ
नासिहा[2] गरचे[3] बहुत ख़िर्क़:-ए-सालूस[4] सिए

1 सैकड़ों जगह कटा-फटा दिल 2 ऐ उपदेशक 3 यद्यपि 4 धोका देने के लिए सूफ़ियों जैसा लिबास सिलना

दाग़हा-ए-दिल-ए-उ'श्शाक़[1] के जल्वे जो कभी
देखने पावे तो हसरत से न ताऊस[2] जिए

1 आ'शिक़ों के दिल के दाग़ 2 मोर

महफ़िल-ए-तन में फ़रोज़न्दा[1] है 'इन्शा' वो शम्अ'
जिसके शो'ले ने जला सैंकड़ों फ़ानूस दिए

1 रौशन 2 झाड़

दो चार सुन के तेरे सुख़न[1] हम कड़े कड़े
उठते हैं कोई दर प तिरे जब अड़े अड़े

1 बातें

मख़्सूस-ए-दैर-ओ-का'बा[1] नहीं ये फ़ुतादगी[2]
मख़्मूर[3] हैं नशे में जहाँ गिर पड़े पड़े

1 केवल मंदिर-मस्जिद से संबंधित नहीं 2 गिरा-पड़ा होना 3 नशे में होना

टुक यूँ तो आप देखिए सच है ये वाक़ई'[1]
क्या बोलने के हम से नहीं जब लड़े लड़े

1 वास्तव में

कर बैठता हूँ आज तो मैं अ'र्ज़-ए-मुद्दआ'[1]
इसमें जो तेग़[2] खींच वो मुझको जड़े जड़े

1 दिल की बात कहना 2 तल्वार

जौर-ए-ख़िज़ाँ[1] से आह जवानान-ए-बाग़-ए-दह्र[2]
औराक़-ए-मुन्तशिर[3] की तरह जो झड़े झड़े

1 पतझड़ का जुल्म 2 दुनिया के बाग़ के ताजा फूल / नौजवान लोग
3 बिखरे पन्ने

तुमने ग़ुरूर[1] से न इशारा किया कि बैठ
और अपने पाँव दुखने लगे याँ खड़े खड़े

1 अहंकार

'इन्शा' वरा-ए-अ'र्श[1] का रुत्बा[2] है इस तरफ़
हैं अब ख़याल[3] और भी हम को बड़े बड़े

1 आस्मान से परे 2 मान-सम्मान 3 विचार

❋

आज़ुर्द:[1] हमसे तू ही जो अब ऐ मियाँ रहे
जी से गए जहाँ[2] से गए हम कहाँ रहे

1 दुखी 2 संसार

इस दिलजले को हिज्र[1] में ऐ आतिश-ए-फ़िराक़[2]
ऐसा ही फूँकियो कि न बाक़ी निशाँ[3] रहे

1 विरह 2 विरह की आग 3 निशान

राह-ए-जुनूँ के तय[1] की नहीं ताब[2] हम-रहो[3]
हो जिस के जी में जाओ चले हम तो याँ[4] रहे

1 चलने की 2 सामर्थ्य, सहन 3 साथ चलने वाला 4 यहाँ

यक जुरअ:'-ए-शराब[1] से लब-ए-तिश्न:[2] हम चले
आबाद साक़िय[3] ये तिरा ख़ानुमाँ[4] रहे

1 शराब का घूँट 2 प्यासे होंठ 3 ऐ साक़ी / मा'शूक़ 4 घर

कहता है तू ये मुझसे कि चाहे है और को
सद-हैफ़[1] मुझसे और तुझे ये गुमाँ[2] रहे

1 बहुत अफ़्सोस 2 भ्रम

ख़ू-कर्दा[1] गालियों के जो हैं उनको दीजिए
'इन्शा' से ऐसी बात न ऐ मेह्रबाँ[2] रहे

1 आदी 2 दयावान / मा'शूक़

❁

तड़पे है नब्ज़[1] किस क़दर अंगुश्त[2] के तले
देख ऐ तबीब[3] अपनी हर अंगुश्त के तले

1 नाड़ी 2 उंगली 3 चिकित्सक

हर तार-ए-चंग[1] है रग-ए-जान-ए-सिमा'-ओ-वज्द[2]
ऐ मुतरिब[3] अपनी कर नज़र अंगुश्त के तले

1 चंग नाम के साज़ का तार 2 सूफ़ियों की महफ़िल में सूफ़ियाना संगीत और आनंद का जीवन-तंतु 3 गायक

मुल्ला ने फ़ाल-नामा[1] दिखा कर कहा मुझे
इनमें से एक नक़्श[2] धर अंगुश्त के तले

1 किताब का वो पन्ना जिसमें शगुन देखा जाता है 2 निशान

रखते ही उसके हर्फ़[1] प यक बार हो गया
नक़्श-ए-मुराद[2] जल्वा-गर[3] अंगुश्त के तले

1 अक्षर 2 वांछित नक़्श 3 रौशन

❁

रहते हैं ब-रंग-ए-बू[1] कूचे[2] में रग-ए-गुल[3] के
लूटे हैं बहारें हम यूँ सामने बुलबुल के

1 ख़ुश्बू की तरह 2 गली 3 गुल की रग

किस किस से मैं अब बहसूँ हैं मेरे तो नाले[1] पर
यूँ चहचहे बुलबुल के वूँ क़हक़हे[2] क़ुलक़ुल[3] के

1 रोना 2 ठहाके 3 शराब उँडेलने की आवाज़

आइनः-ए-आ'लम में तिम्साल-ए-जमाल-ए-हक़[1]
आदम ही नज़र आया कहते हैं ये हम खुल के

1 संसार का आईना 2 सत्य / ईश्वर के सौंदर्य का प्रतिबिंब

याँ जाम-ओ-सुराही से अब दौर-ए-तसलसुल[1] है
मुन्किर[2] हुकमा[3] सब हैं गो दौर[4]-ओ-तसलसुल के

1 लगातार शराब पीने का सिलसिला 2 इन्कार करने वाले 3 ज्ञानी 4 चक्र और निरंतरता

वालेह[1] न फ़क़त[2] हम हैं सूरत ही के बस तेरे
शोख़ी[3] के तग़ाफ़ुल[4] के ख़ाल-ओ-ख़त-ओ-काकुल[5] के

1 मोहित 2 केवल 3 चंचलता 4 अनदेखा करना 5 चेहरा 6 बाल

जो तुमने कहा था शब[1] सो सुब्ह को सब भूले
बस और तो क्या कहिए सदक़े[2] मैं तग़ाफ़ुल[3] के

1 रात 2 न्योछावर 2 अनदेखा करना

जम्इ'य्यत-ए-अज्ज़ा[1] का कुल[2] नाम है ऐ 'इन्शा'
हर-चन्द[3] कि जुज़[4] हैं पर मूजिद[5] हैं हमीं कुल के

1 भागों का इकट्ठा होना 2 पूर्णता 3 यद्यपि 4 भाग 4 अविष्कार करने वाले

❁

गाली सही अदा सही चीन-ए-जबीं[1] सही
ये सब सही पर एक नहीं की नहीं सही

1 माथे का बल

मरना मिरा जो चाहे तो लग जा गले से टुक
अटका है दम मिरा ये दम-ए-वापसीं[1] सही

1 आख़री साँस

गर नाज़नीं[1] के कहने से माना बुरा हो कुछ
मेरी तरफ़ को देखियो मैं नाज़नीं सही

1 मोहिना अदाओं वाला / मा'शूक़

कुछ पड़ गया है आँख में रोना कहे है तू
क्यों मैं अ'बस[1] को बहसूँ यही दिल-नशीं[2] सही

1 व्यर्थ 2 दिल को अच्छा लगने वाला

आगे बढ़े जो जाते हो क्यों कौन है यहाँ
जो बात हमको कहनी है तुमसे नहीं सही

मन्ज़ूर[1] दोस्ती जो तुम्हें है हर एक से
अच्छा तो क्या मुज़ाइक़ा[2] 'इन्शा' से कीं[3] सही

1 स्वीकार, पसन्द 2 कठिनाई, संकोच 3 वैमनस्य, दुश्मनी

❋

बन्दगी[1] हमने तो जी से अपनी ठानी आपकी
बंद:-पर्वर[2] ख़ैर आगे क़द्र-दानी[3] आपकी

1 ग़ुलामी 2 भक्त वत्सल 3 मूल्य समझना

दम-ब-दम[1] कह बैठना 'बस जाओ अपने उनके पास'
क्यों नहीं जाती वो अब तक बद-गुमानी[2] आपकी

1 हर पल, बात-बातत पर 2 दुर्भावना

क्या कहूँ मारे ख़ुशी के हाल मेरा क्या हुआ
आमद[1]-आमद जो हुई कल ना-गहानी[2] आपकी

1 आना 2 अचानक

हमने सौ रातें जगाईं तब हुआ ये इत्तिफ़ाक़[1]
सो उसी दिन को धरी थी नींद आनी आपकी

1 संयोग

ले के मैं ओढ़ूँ बिछाऊँ या लपेटूँ क्या करूँ
रूखी फीकी ऐसी सूखी मेह्रबानी[1] आपकी

1 कृपा

दीद[1] कर डाला बस उसने आलम-ए-लाहूत[2] सब
जिस ने लुगदी[3] बंग की साफ़ी में छानी आपकी

1 देख डाला 2 ब्रह्मलोक 3 भाँग की गीली गोली

ऐ जुनूँ-उस्ताद बस ख़म ठोंक कर आ जाइए
हाँ ख़लीफ़ा हम भी देखें पहलवानी आपकी

सदक़े-सदक़े[1] क्यूँ न हो जाऊँ भला ग़श[2] खा के मैं
देख गदराई हुई उठती जवानी आपकी

1 न्योछावर 2 बेहोश होना

अपनी आँखों में तरावट आ गई यक-बारगी
देख कर ये लहलही पोशाक धानी आपकी

दो गुलाबी[1] ला के साक़ी ने कहा 'इन्शा' को रात
ज़ा'फ़रानी[2] मेरा हिस्सा उर्ग़वानी[3] आपकी

1 शराब के प्याले 2 केसरी रंग 3 लाल रंग

लब[1] प आई हुई ये जान फिरे
यार गर इस तरफ़ को आन[2] फिरे

1 होंठ 2 आना

ख़ून-ए-आशिक़ चटा कि है लाज़िम[1]
तेरी तल्वार पर ये सान[2] फिरे

1 जरूरी 2 धार

साक़िया[1] आज जाम-ए-सहबा[2] पर
क्यूँ न लहराती अपनी जान फिरे

1 ऐ साक़ी 2 शराब का प्याला

हिचकियाँ ले है इस तरह बत-ए-मय[1]
जिस तरह गटकरी में तान फिरे

1 बतख़ जैसी शराब की सुराही

रूठ कर उठ चले थे 'इन्शा' से
बारे[1] फिर हो के मेह्‌रबान[2] फिरे

1 आख़िर 2 कृपाशील

❁

क्या छेड़ है कि पहले दिल साफ़ तोड़ बैठे
फिर आप हो मुअद्दब[1] हाथों को जोड़ बैठे

1 शिष्टता के साथ

आवाज़ सुन हमारी घर से जो तुम न निकले
दरवाज़े से तुम्हारे हम सर को फोड़ बैठे

रह जाए आब्रू क्या ऐ अब्र-ए-बार[1] तेरी
कोई भला जो आ'शिक़ दामन निचोड़ बैठे

1 बरसने वाला बादल

की मैं ने शब[1] जो सहवन[2] ता'रीफ़ चाँदनी की
मेरी तरफ़ से अपने वो मुंह को मोड़ बैठे

1 रात 2 भूल से

आज़ादगी[1] ख़ुश[2] आई 'इन्शा' को जब से यारो
वो सब को छोड़ बैठा सब उसको छोड़ बैठे

1 आत्म-मुक्ति 2 अच्छी लगी

❁

ग़ैर[1] की ली जो रान में चुटकी
तुमने ली मेरी जान में चुटकी

1 रक़ीब / मा'शूक़ का अन्य आ'शिक़

गालियाँ सुन के जी में आता है
लीजे तेरी ज़बान में चुटकी

जिस जगह लेने से तू चौंक पड़े
लीजे ऐसे मकान में चुटकी

'बात सुन' कह के उसकी अठखेली
लेती है गुल के कान में चुटकी

ले न ऐ इ'श्क़ हर दम 'इन्शा' के
इस दिल-ए-नातवान[1] में चुटकी

1 कमज़ोर दिल

गली से तेरी जो टुक हो के आदमी निकले
तो उस के साए से झट बन के इक परी निकले

ख़याल[1] में तिरे चेहरे की मर गया हो जो शख़्स[2]
तो उसकी ख़ाक से सोने की आरसी[3] निकले

1 ध्यान, सोचा 2 व्यक्ति 3 छोटा सा आईना

बईद[1] शान से आशिक़ की आह भरनी थी
वले वो क्या करे जब उस की जान ही निकले

1 दूर

किसी के होश को कह दो अगर चला चाहे
तो अपने घर से कमर बांध कर अभी निकले

निशान-ए-आह[1] लिए छाँव छाँव तारों के
चलेगी फ़ौज-ए-सरिश्क[2] आज चाँदनी निकले

1 आह का झंडा 2 आँसुओं की फ़ौज

कजी[1] तबीअ'त-ए-कज-फ़हम[2] से हो तब मुन्फ़क[3]
किसी दवा से दुम-ए-सग[4] की गर कजी निकले

1 टेढ़ापन 2 हर बात को ग़लत समझने वाला स्वभाव 3 अलग होना
4 कुत्ते की दुम

हज़ार शुक्र कि 'इन्शा' किसी की महफ़िल में
ख़फ़ा से आए थे पर हो हँसी-ख़ुशी निकले

साक़िया[1] आए हैं बादल ये बड़े पानी के
जल्द भर मय[2] से जो ख़ाली हैं घड़े पानी के

1 ऐ साक़ी / शराब पिलाने वाले 2 शराब

नाम अश्कों[1] का मिरे ले जो कहीं सैल[2] हो बन्द
कि नहाने को ये तूफ़ाँ हैं अड़े पानी के

1 आँसुओं 2 पानी का बहाव

ग़ौर कर देखो तो शबनम[1] को ब-रू-ए-सब्ज़:[2]
किसने मोती ये बना उस प जड़े पानी के

1 ओस 2 घास पर

शो'ला-ख़ू[1] कौन नहाया कि नज़र आए हबाब[2]
कुछ फफोले[3] से वो छाती प पड़े पानी के

1 गर्म स्वभाव वाला मा'शूक़ 2 बुलबुले 3 बड़े छाले

हम कोई काई भरे पानी से करते हैं वज़ू
शैख़ गाहक हो तुम्हीं ऐसे सड़े पानी के

सुब्ह किस रूप से ली उसने फुरेरी 'इन्शा'
कुछ दरख़्तों[1] में से क़त्रे[2] जो झड़े पानी के

1 पेड़ों 2 बूँदें

❁

वाक़िफ़[1] जो हम नहीं हैं इस बज़्म[2] में किसी से
हैं क्या ग़रीब बैठे चुप चाप अजनबी से
1 अवगन 2 महफ़िल

लो हाथ जोड़ता हूँ बस कीजे जुर्म-बख़्शी[1]
तक़्सीर[2] भी तो या'नी[3] होती है आदमी से
1 अपराध की क्षमा 2 भूल 3 अर्थात

यूँ आह से हुई याँ दिल की पपिश[1] की हालत
जैसे कोई उड़ा दे बारूद जामगी[2] से
1 जलन 2 बारूद में आग लगाने वाला फतीला

दिल की भड़क ने मुझको घबरा दिया अ'ज़ीज़ो
इसको निकाल डालो इक तेज़ सी छुरी से

क्योंकर[1] झड़ें न मोती दामन से बादलों के
बांधा नहीं है मुहकम बिजली की ओढ़नी से
1 किस तरह 2 मज़्बूती से

तू ज़ोर कुछ है 'इन्शा' अल्लाह तुझको रक्खे
मस्रूर[1], शाद[2]-ओ-ख़ुर्रम[3] हर दम हँसी-ख़ुशी से
1,2,3 ख़ुशी

❁

ले नशे में तुझे जब यूँ क़दह-ए-बंग[1] उड़े
तो न क्यों सब्ज़-परी[2] बन के मिरा रंग उड़े

1 भाँग का प्याला 2 हरे लिबास वाली परी

नामः-ए-शौक़[1] के पहुँचाने को चाहे है कि ये
बन के इक शक्ल-ए-कबूतर नफ़स-ए-तंग[2] उड़े

1 प्रेम पत्र 2 तंग साँस

साक़िया[1] बंग में अफ़्यून[2] मिला उसमें शराब
ताकि नश्शे का मिरे नीलः[3]-ए-सर-जंग उड़े

1 ऐ साक़ी 2 अफ़ीम 3 एक घोड़ा

ले गई मुझको जहाँ अ'र्श-नुमा[1] ऐ जिब्रील[2]
हज़रत-ए-ख़िज़्र[3] के वाँ होश हो चित भंग उड़े

1 आस्मान की तरह 2 एक फ़रिश्ता जो ख़ुदा का संदेश वाहक है 3 एक पैग़म्बर जो भटकों को राह दिखाते हैं

गरचे वो पारे[1] का गुटका तो ना था जोगी जी रात
पर टुक इक साध के दम हम भी लब-ए-गंग[2] उड़े

1 जोगियों के बारे में मश्हूर है कि मुंह में पारे का गुटका रख कर उड़ जाते हैं 2 गंगा के किनारे

❁

फबती तिरे मुखड़े प मुझे हूर की सूझी
ला हाथ इधर दे कि बहुत दूर की सूझी

टुक देखिएगा जुब्बा-ओ-अ'म्मामा-ए-ज़ाहिद[1]
है उस प मुझे बल्अ'म-ए-बाऊ'र[2] की सूझी

1 धर्म परायण व्यक्ति का लम्बा कुर्ता और पगड़ी 2 पुराने ज़माने का एक व्यक्ति जिसे ख़ुदा से ज्ञान मिला और वो भटक गया

क्यों मैं दिल-ए-पुर-आब्ला[1] पर ताक[2] न बांधूँ
है उस प मुझे गोशः-ए-अंगूर[3] की सूझी

1 छालों से भरा दिल 2 अंगूर की बेल 3 अंगूर की टहनी

है शैख़-ए-सियह-चहरा[1] जो मज्लिस[2] में फुदकता
यारों को यहाँ रुई के लंगूर की सूझी

1 कल मुंहा धर्मगुरू 2 महफिल

वाइ'ज़[1] जो चढ़ा जिन[2] हैं मुतबख्तिर[3] है निहायत[4]
उस पर मुझ शैताँ[4] के महीं-पूर[6] की सूझी

1 धर्म उपदेशक 2 प्रेत आत्मा 3 अहंकारी 4 अत्यंत 5 शैतान 6 बड़ा बेटा

हाथ अपने से जब छुट गई उस डंड की मछली
तब उसके तड़पने प सक़नक़ूर[1] की सूझी

1 रेत पर रहने वाली मछली

जब फूल झड़े नूर के इस आह से मेरी
उस पर मुझे 'इन्शा' शजर[1]-ए-तूर[2] की सूझी

पेड़ 2 वो पहाड़ जहाँ ख़ुदा ने पैग़म्बर मूसा को अपनी रौशनी दिखाई थी

❁

ज़मीं से उड़ी है या चर्ख़[1] पर से उतरी है
ये आग इ'श्क़ की या-रब किधर से उतरी है

1 आस्मान 2 ऐ ख़ुदा

उतरती नज्द[1] में कब थी सवारी-ए-लैला[2]
टुक आह-ए-क़ैस[3] के जज़्ब-ए-असर[4] से उतरी है

1 अरब का एक इलाक़ा 2 लैला की सवारी 3 मज्नूँ की आह 4 असर की शक्ति

नहीं नसीम-ए-बहारी[1] ये है परी कोई
उड़न-खटोले को ठहरा जो फ़र से उतरी है

1 बहार की हवा

न जान इस को शब-ए-मह[1] ये चाँदनी-ख़ानम
कमंद-ए-नूर[2] पे औज-ए-क़मर[3] से उतरी है

1 चाँदनी रात 2 रौशनी की रस्सी 2 चाँद की ऊँचाई

चलो न देखें तो कहते हैं दश्त-ए-वहशत[1] में
जुनूँ की फ़ौज बड़े कर्र-ओ-फ़र्र[2] से उतरी है

1 वीराना जहाँ दीवाने रहते हैं 2 धूम-धाम / अहंकार

नहीं ये इश्क़ तजल्ली[1] है हक़-तआला[2] की
जो राह-ए-ज़ीना-ए-बाम-ए-नज़र[3] से उतरी है

1 प्रकाश 2 ख़ुदा 3 नज़र की छत की सीढ़ी के रास्ते

लिबास-ए-आह में लिखने के वास्ते 'इन्शा'
क़लम दवात तुझे अ'र्श पर से उतरी है

किसी परी की हँसी दिल पर अपने कुछ ठन जाए
तो फिर ये हँसिए कि दीवार-ए-क़हक़हा बन जाए
1 हँसी की दीवार

ये पाँव ख़ाक[1] ने फैलाए हैं कि दस्त-ए-जुनूँ[2]
क़रीब है कि गरेबान ता-ब-दामन[3] जाए
1 मिट्टी 2 जुनूँ का हाथ 3 दामन तक

गिरे है आज तो महताब[1] चाँद से छन कर
हमारी और तुम्हारी भी बात कुछ बन जाए
1 चाँदनी

लिपट नसीम[1] गई बू-ए-गुल[2] की छाती से
इलाही[3] अपना भी रूठा हुआ कहीं मन जाए
1 हवा 2 फूल की ख़ुश्बू 3 ऐ ख़ुदा

किसी के चाहने में अपना दिल धड़कता है
ख़ुदा-न-ख़्वास्ता[1] सरकार का ये जोबन जाए
1 ख़ुदा न करे

हज़ार-हैफ़[1] कि बाग़ों में जा के अब के साल
बहम[2] न झूल सकें हम-तुम और सावन जाए
1 बड़े दुख की बात है 2 मिल कर

तू सू-ए-मयकदा[1] यूँ जाए ख़्वाहिश-ए-'इन्शा'
कि जाप-नाप को जैसे कोई बरहमन जाए
1 शराबख़ाने की ओर

❁

साहब के हर्ज़ा-पन[1] से हर एक को गिला है
मैं जो निबाहता हूँ मेरा ही हौसला है

1 बुरे मिज़ाज

चौदह ये ख़ानवादे[1] हैं चार पीरतन[2] में
चिश्तिय्या[3] सबसे अच्छे ये ज़ोर-सिलसिला है

1 सूफ़ी-वंश 2 सूफ़ी गूरू 3 सूफ़ियों का चिश्ती सिलसिला

फिर कुछ गए हुओं की मुतलक़[1] ख़बर न पाई
क्या जानिए किधर को जाता ये क़ाफ़िला है

1 बिल्कुल

बार-ए-गराँ[1] उठाना किस वास्ते अज़ीज़ो[2]
हस्ती[3] से कुछ अदम तक थोड़ा ही फ़ास्ला है

1 भारी बोझ 2 पिय लोग 3 आस्तित्व 4 नश्वरता

दी गालियाँ हज़ारों सुन मत्ल:[1] इस ग़ज़ल का
कहने लगे कि 'इन्शा' इस का यही सिला[2] है

1 ग़ज़ल का पहला शे'र जिसकी दोनों लाइनों में काफ़िया हो 2 इन्आ'म

❀

अश्क मिज़्गान-ए-तर[1] की पूँजी है
ये समर[2] इस शजर[3] की पूँजी है

1 भीगी पलकें 2 फल 3 पेड़

आह को मत हक़ीर[1] जान यही
दूदमान-ए-असर[2] की पूँजी है

1 तुच्छ 2 अभाव का वंश

जो घड़ी याद में तिरी कट जाए
वो ही आठों पहर की पूँजी है

जल्वः-ए-यार[1] है अ'ज़ीज़[2] बहुत
यही अह्ल-ए-नज़र[3] की पूँजी है

1 मा'शूक़ की उपस्थिति की रौनक़ 2 प्रिय 3 अंतर्दृष्टि वाले लोग

तेरी बख़्शी हुई ख़ुदावन्दा[1]
मेरी ये उ'म्र भर के पूँजी है

1 ख़ुदा

मैं तिरे सदक़े[1] बस यही मेरी
दिल-ओ-जान-ओ-जिगर की पूँजी है

1 न्योछावर

❁

वाक़ई[1] मुझ गुनाह[2] ऐसे ही दो तीन हुए
कि मिरे सामने वो लेके क़राबीन[3] हुए

1 वास्तव में 2 पाप 3 पुराने ज़माने का तमंचा या बन्दूक़

सुब्ह-दम[1] मुझसे लिपट कर वो नशे में बोले
तुम बने बाद-ए-सबा[2] हम गुल-ए-नस्रीन[3] हुए

1 सुब्ह के समय 2 अच्छी मधुर हवा 3 एक तरह का गुलाब

राह-रौ[1] चौंक कि है क़ाफ़िले में तय्यारी
महमिल[2] ऊँटों प बंधे फ़ौज में सब ज़ीन[3] हुए

1 राही 2 ऊँट पर बांधा जाने वाला हौदा 3 घोड़े पर ज़ीन कसना

बच्चा रे[1] ज़े[2] जो लगा कहने तो माँ-बाप उसके
अपना दन्दान-ए-फ़रह[3] खोल के जूँ सीन[4] हुए

1,2 उर्दू के अक्षर 3 हँसी में दाँत दिखाा 4 उर्दू का अक्षर

अश्क[1] आँखों से क़दम रख नहीं सकते बाहर
दौलत-ए-शर्म[2] से मानिन्द-ए-सलातीन[3] हुए

1 आँसू 2 शर्म की दौलन 3 बादशाहों की तरह

ख़फ़गी[1] ये कि मली आपने 'इन्शा' मेंहदी
और कपड़े तो मिरे मुफ़्त ही रंगीन हुए

1 नाराज़ होना

❀

जो नसीम-ए-सुब्ह[1] लिपट गई किसी गुल[2] के दामन-ए-पाक[3] से
तो शुआ-ए'-मेहर[4] ने इक छड़ी जड़ी उसको आ के सटाक से
1 सुब्ह की हवा 2 फूल 3 पवित्र दामन 4 सूरज की किरन

करूँ क्यों ने ज़र्फ़-गली[1] प ग़श[2] कि ब-दौर-चर्ख़[3] हूँ जुर्अः-कश[4]
मुझे है जो दग़दग़ः-ए-अ'तश[5] तो इसी कुम्हार की चाक से
1 बर्तनों वाली गली 2 बेहोश 3 आस्मान का समय चक्र से 4 शराब पीना 5 प्यास की चिंता / डर

वो महव[1] धूप में हैं खड़े तिरे आफ़्ताब-ए-जमाल[2] के
न सिवाए-मेहर-ए-गिया[3] उगे कभी उनके सब्ज़ः-ए-ख़ाक[4] से
1 लीन 2 सौंदर्य का सूरज 3 सूखी घास के अतिरिक्त 4 मिट्टी के हरियाली

पड़ी नर्गिस[1] आँख निकाले जो घड़ी कान गुल भी हिलाएँ तो
तिरा सामना जो चमन से हो तो भला वो कौन सी नाक से
1 एक फूल का नाम

तुझे आज 'इन्शा' तो ख़ुश करूँ नहीं चाहता है कि चुप रहूँ
ग़ज़ल और क़ाफ़िये की कहूँ अभी हुक्म[1] हो तो छपाक से
1 आदेश

❁

भले आदमी कहीं बाज़[1] आ अरे उस परी के सुहाग से
कि बना हुआ हो जो ख़ाक से उसे क्या मुनासिबत[2] आग से

1 रुकना 2 अनुकूलता, लेना देना

बहुत अपनी ताक बुलन्द[1] थी कोई बीस गज़ की कमन्द[2] थी
पर उछाल फाँद वो बन्द थी तिरे चौकी-दारों की जाग से

1 ऊँची / ऊँचा 2 छत पर चढ़ने के लिए फेंकी गई रस्सी

वो सियाह-बख़्त[1] जो रात को तिरे दाम-ए-ज़ुल्फ़[2] में फँस गया
उसे आ के वहम-ओ-ख़याल[3] के लगे डसने सैकड़ों नाग से

1 अभागा 2 बालों का जाल में 3 भ्रम और संशय

हुए आ'शिक़ उन के हैं मर्द-ओ-ज़न[1] ये अनोखी उन की है कुछ फबन
कोई ताज़ा आए हैं बरहमन ये जो काशी और पराग से

1 मर्द और औरत

मुझे काम उनके जमाल से न तो टप्पे से न ख़याल से
न तो वज्द[1] से न तो हाल[2] से न तो नाच से न तो राग से

1 मस्ती में नाचना 2 आनंद की आवस्था

गुथी इन सुरों ही में आ गई मुझे इक उरूस[1] की बास सी
अभी 'इन्शा' अपना हो बस अगर तो लिपट ही जाऊँ बिहाग[2] से

1 दुल्हन 2 एक रागिनी

ये जो मुझसे और जुनूँ से याँ बड़ी जंग होती है देर से
सो कुछ ऐसी ढब से लड़ाई है लड़े शेर जैसे कि शेर से

अभी दो महीने से हूँ जुदा न तो ख़्वाब में भी नज़र पड़ा
भला और अंधेर ज़ियादा क्या कहीं होगा ऐसे अंधेर से

भला मुझसे देव के सामने कोई ठोंक सकते हैं ख़म[1] भला
अरे ये अंगूठी से आदमी तो बिचारे ख़ुद हैं बटेर से

1 ताल

'वही पी कहाँ', 'वही पी कहाँ' यही एक रट सी जो है सो है
महाराज चोट सी लगती है मुझे इस पपीहे की टेर से

ग़ज़ल 'इन्शा' और भी एक लिख इसी बहर और रदीफ़ की
कि ज़बर[1] के क़ाफ़िए जिस में हों मुझे नफ़रत आ गई ज़ेर[2] से

1 अ की मात्रा दिखाने वाला उर्दू अक्षर 2 ए की मात्रा दिखाने का उर्दू अक्षर

न तो काम रखिए शिकार से न तो दिल लगाइए सैर से
बस अब आगे हज़रत-ए-इ'श्क़[1] जी चले जाएँ घर ही को ख़ैर[2] से

1 इ'श्क़ महोदय 2 सकुशल

नहीं होते आ'म[1] के रू-ब-रू[2] हमें क़िब्ला[3] ख़ास[4] है आरज़ू[5]
कि ख़ुदा करे पड़े गुफ़्तुगू[6] किसी पीर-ओ-मुर्शिद-ए-दैर[7] से

1 साधारण 2 सामने 3 पूज्य स्थल 4 विशेष 5 कामना / प्रेम 6 बातची 7 मंदिर का धर्म गुरू

कहो किस वसीले[1] से शैख़[2] के शक-ओ-शुब्ह[3] होवे कमाल[4] में
कि जो ने'मत[5] आपको पहुँची है सो मियाँ ग़ुलाम ज़ुबैर[6] से

1 माध्यम 2 धर्मगुरू 3 संदेह 4 सिद्धि 5 ईश्वरीय देन 6 किसी भी आम आदमी का नाम

वो ख़फ़ा[1] हुए तो हुए अजी जो लड़े-भिड़ तो लड़े सही
गिल:[2] है सो यार-ए-अ'ज़ीज़[3] से न कि शिक्व:[4] सूरत-ए-ग़ैर[5] से

1 नाराज़ 2,4 शिकायत 3 प्यारा दोस्त 5 रक़ीब

यही चाल अपनी है 'इन्शा' अब कभी तो दरख़्तों[1] से ख़ल्ते[2] हैं
कभी है सबा[3] से ख़िताब[4] कुछ कभी वह्श[5] से कभी तैर[6] से

1 पेड़ों 2 संबंध 3 अच्छी हवा 4 बात-चीत 5 जानवर 6 पक्षी

टुक इक ऐ नसीम[1] संभाल ले कि बहार मस्त-ए-शराब[2] है
वो जो हुस्न-ए-आलम-ए-नश्शा[3] है उसे अब की ऐ'न-शबाब[4] है

1 हवा 2 नशे में 3 नशे की हालत की सुंदरता 4 बिल्कुल जवानी

ये घटाएँ छाईं जो कलियाँ जो हरी-भरी हुईं डालियाँ
उभर आईं फूलों की लालियाँ तो बजाए-आब[1] शहाब[2] है

1 पानी के बदले 2 लाल शराब

ये दो-रोज़ः[1] नश्व-ओ-नुमा[2] को तू न समझ कि नक़्श-बर-आब[3] से
ये सराब[4] है ये हबाब[5] है फ़क़त[6] एक क़िस्सा-ए-ख़्वाब[7] है

1 दो दिन का 2 विकास 3 पानी पर बना चित्र 4 मृगमरीचिका 5 बुलबला 6 केवल 7 स्वप्न की बात

अ'रक़-ए-बहार-ए-शराब[1] है वो ही आज छिड़केंगे आप पर
न तो बेद-ए-मुश्क[2] है इस घड़ी न तो केवड़ा न गुलाब है

1 शराब की बहार का पानी 2 ख़ुश्बूदार लकड़ी

किधर आऊँ जाऊँ करूँ सो क्या मिरा जी ही नाक में आ गया
न तो अ'र्ज़-ए-हाल[1] की ताब[2] है न तो सब्र-ए-ख़ाना-ख़राब[3] है

1 प्रेग निवेबन 2 शक्ति 3 घर बर्बाद करने ताला धैर्ग

मुझे वहश[1]-ओ-तैर[2] से रश्क है कि कभी उन्हों को किसी नमत
न सवाल है न जवाब है न अज़ाब[5] है न इ'क़ाब[6] है

1 पशु 2 पक्षी 3 ईर्ष्या 4 की तरह 5,6 यात्ना

अरे 'इन्शा' अब जो ये दौर[1] है तिरी वज़्अ'[2] इन दिनों और है
ये भी कोई ज़ीस्त[3] का तौर[4] है न शराब है न कबाब है

1 समय 2 अन्दाज़ 3 जीवन 4 ढंग

❁

ये क्या कि उनके दिल को न ज़िन्हार[1] तोड़िए
सौ बार जा के जोड़िए सौ बार तोड़िए

1 कभी भी

आओ ना मिल के बैठे हैं बे-शग़ल[1] हम सो क्यों
कट कीजे उनसे यारी अब ऐ यार तोड़िए

1 बेकार

हाथ आवे कुछ अगर न सरिश्तः बिगाड़ का
तो लड़ के उनके मोतियों का हार तोड़िए

1 सिलसिला, सूत्र, सिर

शोख़ी तो देखो आज यही क़स्द[1] है कि ख़ैर[2]
जिस ढब से होवे ख़ातिर-ए-दिलदार[3] तोड़िए

1 इरादा 2 कुशल-मंगल हा 3 मा'शूक़ का दिल

वो कुछ कहें पर अपनी ही बस गाए जाइए
और तान उधर को कोई तरहदार तोड़िए

या कूद-फाँद चूल भी उनके पलंग की
बस हो के लड़ने-भिड़ने को तय्यार तोड़िए

फूल उनकी क्यारियों से किसी और रूप का
कुछ कर के बात-चीत की तक्रार तोड़िए

1 कोई काम बार बार करना

सब्ज़े[1] को रौंद डालिए या उनके बाग़ की
नारंगियाँ ही चुपके से दो चार तोड़िए

1 हरियाली

❋

बोसा[1] जो देते नहीं मुझको तो झिड़की ही सही
नहीं दरवाज़ा जो खुल सकता तो खिड़की ही सही

1 चुंबन

कुछ मिरी चिड़ नहीं पर आप की ख़ातिर के लिए
बातें जो रीझ की हैं ख़ैर वो चिड़ की ही सही

सिड़ी-सौदाई[1] नहीं सिड़की[2] जो मुझ पर फब जाए
फबती[3] सब लोग कहें सिड़की तो सिड़की ही सही

1 पागल-दीवाना 2 मूर्ख 3 काटाक्ष

मैंने तो छिड़की नहीं शैख़[1] जी साहब ये शराब
चलो तुम कहते हो हाँ छिड़की तो छिड़की ही सही

1 धर्मगुरू

ज़िड़[1] तो बकता नहीं पढ़ता हूँ ग़ज़ल में 'इन्शा'
पंज मिल ज़िड़की[2] जो ठहरावें तो ज़िड़की ही सही

1 बकवास 2 बकवास करने वाला

जिन्हार[1] हिम्मत अपने से हर्गिज़ न हारिए
शीशे में उस परी को न जब तक उतारिए

1 कभी भी

ऐ अश्क-ए-गर्म[1] कर मिरे दिल का इ'लाज कुछ
मश्हूर है कि चोट को पानी से धारिए

1 गर्म आँसू

गलने की दाल याँ नहीं बस ख़ुश्क:[1] खाइए
ऐ शैख़[2] साहब आप न शैख़ी[3] बघारिए

1 उबला हुआ सादा चावल 2 धर्मगुरू 3 डींग मारना

हो आब[1] में क़ादिर[2] तो ठहर जाइए टुक एक
दिल में कुदूरत[2] आवे तो क्योंकर[3] निथारिए

1 पानी 2 गदलापन 3 मैल, वैमन्स्य 3 किस तरह

है कौन सी ये वज़्अ'[1] भला सोचिए तो आप
बातें इधर को कीजे उधर आँख मारिए

1 अन्दाज़

पंडित जी हम में उन में भला कैसे होएगी
पोथी को अपनी खोलिए कुछ तो बिचारिए

'इन्शा' कोई जवाब भी देना नहीं हमें
बाँग-ए-जरस[1] की तर्ह कहाँ तक पुकारिए

1 कारवाँ की घंटियों

❁

अपनी कोली[1] में मगर रात को भर लेता है
तान भैरो[2] की जो ये मुर्ग़-ए-सहर[3] लेता है

1 आलिंगन 2 राग भैरवीं 3 सुब्ह के समय मुर्ग़ा / परिन्दा

मुझे उस नख़्ल-ए-पुर-अज़-मेवा[1] प आता है रहम[2]
प्यास के मारे जो पी आब-ए-तबर[3] लेता है

1 फलों से लदे पेड़ 2 दया 3 कुल्हाड़ी का पानी अर्थात चमक / धार

किन ने अब याद किया उसको नहीं कुछ मा'लूम
हिचकियाँ आज जो वो रश्क-ए-क़मर[1] लेता है

1 जिससे चाँद को ईर्ष्या हो / मा'शूक़

प्यास बादल की समन्दर से नहीं बुझती जो
तू निचुड़वा के मिरा दामन-ए-तर[1] लेता है

1 भीगा दामन

उश्तुर[1]-ओ-नाक़ः[2] रह-ए-इ'श्क़[3] से गुज़रे क्या दख़्ल[4]
ठोकरें वाँ तो पड़ा पा-ए-नज़र[5] लेता है

1 ऊँट 2 ऊँटनी 3 प्रेम-मार्ग 4 कैस संभव 5 नज़र की पाँव

क्या फ़क़त[1] उनके न्योछावर के लिए ऐ 'इन्शा'
अपनी मुट्ठी में हर इक ग़ुन्चः-ए-ज़र लेता है

1 केवल 2 पराग

❀

इक फुरैरी जो तिरा ख़ाक-ब-सर[1] लेता है
थाम जिब्रील-ए-अमीं[2] अपना जिगर लेता है

1 दीवाना 2 ख़ुदा का संदेश-वाहक फ़रिश्ता

लहलहे[1] क्यों न हो सब्ज़े[2] कि सुख़न[3] मेरा सीख
दायः-ए-अब्र-ए-बहारी[4] के हुनर लेता है

1 हरा-भरा 2 हरियाली, पौधे 3 बात / शाइ'री 4 बहार के बादल रूपी दाई

छोड़-छाड़ इतनी उड़ा कौन सके एक क़िब्ला[1]
बर्क़[2] से दाम[3] कोई मुश्त-ए-शरर[4] लेता है

1 महोदय 2 बिजली 3 मोल लेना 4 मुट्ठी भर चिंगारी

देखते क्या हो चेल जाओ मियाँ अपनी राह
कौन याँ हमसे ग़रीबों की ख़बर लेता है

कोई सरकार-ए-जुनूँ[1] को नहीं लाज़िम[2] नायब[3]
काम जितने हैं वो सब आपही कर लेता है

1 दीवानगी का शासक 2 अनिवार्य 3 सहायक

सीनः-ए-नख़्ल[1] से आती है अबल दूध की धार
खींच उसका जो कोई तिफ़्ल[2] तबर[3] लेता है

1 पेड़ / पौधे का सीना 2 बच्चा 3 कुल्हाड़ी

❁

हैं जो मुरव्वज[1] मेहर-ओ-वफ़ा[2] के सब सर-रिश्ते[3] भूल गए
फिर गए तुम तो क़ौल-ओ-क़सम[4] से अपने नविश्ते[5] भूल गए

1 प्रचलित 2 मोहब्बत, वफ़ादारी 3 सूत्र, सिलसिले 4 प्रण, वादा 5 पत्र

जब देखो तब लाठी टेके खट खट करते फिरते हैं
उड़ते हैं कोई शैख़[1]-जी साहब उन को फ़रिश्ते भूल गए

1 धर्म गुरू

अह्ले-गहले[1] फिरते हो साहब सैर-ए-चमन[2] में और तुम्हें
अपने तड़पते ज़ख़्मी सब ख़ूँ में आग़ुश्ते[3] भूल गए

1 ख़ुश-ख़ुश 2 बाग़ की सैर 3 लिथड़े

क़ाज़ी जियो के दोनों बेटे हम से कहेंगे है वो मसल[1]
घर में फ़रिश्ते के ख़ारिशते[2] सो ख़ारिश्ते भूल गए

1 कहावत 2 जिसे खुजली हो

नस्ल बड़ी आदम की 'इन्शा' कौन किसी को पहचाने
बाइस-ए-कसरत[1] हम-दीगर[2] के नाते-रिश्ते भूल गए

1 अधिक संख्या के कारण 2 परस्पर

ये प्यास अपनी बुझे बर्फ़ से न शोरे[1] से
बुझे तो नर्गिस-ए-साक़ी[2] के आब-ख़ोरे[3] से
1 नमक, क्षार 2 महबूब की आँख 3 मिट्टी का प्याला

नशे में क्यों न करूँ ग़श[1] दिखा दिए तुमने
वो दोनों दीदे[1] मय-ए-नाब[2] के कटोरे से
1 बेहोशी 2 आँखें 3 शुद्ध शराब

बला से जाम[1] न होवे न हो कि याँ[2] हम लोग
चढ़ा गए हैं घड़ों के घड़े सकोरे[3] से
1 शराब का प्याला 2 यहाँ 3 मिट्टी का प्याला

नहीं जो रात के जागे तो क्यों उभर आए
ये लाल लाल कुछ आँखों में डोरे-डोरे से

भरा जो मैंने दम-ए-सर्द[1] तो लगे कहने
निरे ही आप दिखाई दिए छिछोरे से
1 ठंढी साँस

कल उनके पाँव लगा दाबने तो यूँ बोले
हमारे सर की क़सम और ज़ोरे-ज़ोरे से

❀

जी चाहता है शैख़[1] की पगड़ी उतारिए
और तान कर चटाख़ से एक धौल मारिए
1 धर्मगुरू

सोतों को पिछले पहर भला क्यों पुकारिए
दरवाज़ा खुलने का नहीं घर को सिधारिए

क्या सर्व[1] अकड़ रहा है खड़ा जू-ए-बार[2] पर
टुक आप भी तो इस घड़ी सीना उभारिए
1 एक लम्बा पेड़ 2 नहर

ये कारख़ानः देखिए टुक आप ध्यान से
बस सून[1] खींच जाइऐ याँ दम[2] न मारिए
1 चुप साधना 2 साँस

नासेह[1] ने मेरे हक़ में कहा अहल-ए-बज़्म[2] से
बिगड़े हुए को आह कहाँ तक संवारिए
1 उपदेशक 2 कहफ़िल के लोग

'इन्शा' ख़ुदा के फ़ज़्ल[1] प रखिए निगाह और
दिन हँस के काट डालिए हिम्मत न हारिए
1 कृपा

क्या चीज़ भला क़स्र-ए-फ़रीदूँ[1] मिरे आगे
काँपे है पड़ा गुम्बद-ए-गर्दूं[2] मिरे आगे

1 फ़रीदून बादशाह का महल 2 आस्मान का गुम्बद

मुर्ग़ान-ए-उला-अज्निहा[1] मानिन्द-ए-कबूतर[2]
करते हैं सदा इ'ज्ज़[3] से ग़ूँ ग़ूँ मिरे आगे

1 बाज़ू वाले बेहतरीन परिन्दे 2 कबूतर की तरह 3 विनम्रता

हूँ वो जबरूती[1] कि गिरोह-ए-हुकमा[2] सब
चिड़ियों की तरह करते हैं चूँ चूँ मिरे आगे

1 महानता संपन्न 2 ज्ञानियों के गिरोह

बोले है यही ख़ाम:[1] कि किस किस को मैं बांधूँ
बादल से चले आते हैं मज़्मूँ[2] मिरे आगे

1 क़लम 2 विषय

मुजरे[1] को मिरे ख़ुसरव-ए-परवेज़[2] हो हाज़िर
शीरीं[3] भी कहे आ के बला[4] लूँ मिरे आगे

1 सलाम 2 एक बादशाह का नाम 3 फ़र्हाद की मा'शूक़ 4 बलाएँ लेना

❁

भरी वो आतिश-ए-इ'श्क़[1] इस दिल-ए-फ़िगार[2] में है
कि लाख बर्क़-ए-निहाँ[3] जिसके हर शरार[4] में है
1 प्रेम अग्नि 2 ज़ख़्मी दिल 3 छुपी हुई बिजलियाँ 4 चिंगारी

किसी ने उसकी शिकायत जो की तो मैं बोला
'वो क्यों न जब्र[1] करे? किसके इख़्तियार[2] में है?'
1 अत्याचार 2 अधीन, नियंत्रण

मिले शराब जवानान-ए-बाग़[1] को क्यों कर
कि आप पीर-ए-मुग़ाँ[2] रन्जिश-ए-ख़ुमार[3] में है
1 बाग़ के नौजवान 2 शराब ख़ाने का गुरू 3 नशा टूटने की हालत

सिवाए[1] आपके याँ[2] कौन पूछे आ'शिक़ को
वो किस शुमार[3] में है कौन सी क़तार[4] में है
1 अतिरिक्त 2 यहाँ 3 गिनती 4 पंक्ति

जो हमसे पूछें तिरी जान है कहाँ तो कहें
हमारी जान तिरे मोतिया के हार में है

ये कौन फूट के रोया कि दर्द की आवाज़
रची हुई जो पहाड़ों के आब्शार[1] में है
1 झरना

किधर से आती है आवाज़-ए-दोस्त ऐ मुतरिब[1]
न नुत्क़[2] उंगलियों में है न चोब-ओ-तार[3] है
1 गायक, संगीतकार 2 बोलने की शक्ति 3 साज़ बजाने की लकड़ी और तार

मुझे ये आज परी-पैकरों[1] ने लिख भेजा
कि आइए चमन-ए-नर्गिस[2] इन्तिज़ार में है

1 पारी जैसे मा'शूक़ 2 नर्गिस के फूलों का बाग़

मुझे ये आठ पहर सोच है कि क्या होगा
ये एक गुल[1] सो फँसा सौ करोड़ ख़ार[2] में है

1 फूल 2 काँटा

बहम[1] न मिलने के शिक्वे[2] अ'बस[3] हैं आपस में
हर एक शख़्स[4] लगा अपने कार-ओ-बार में है

1 आपस में 2 शिकायतें 3 बेकार 4 व्यक्ति

अ'जीब लुत्फ़[1] कुछ आपस की छेड़ छाड़ में है
कहाँ मिलाप में वो बात जो बिगाड़ में है
1 मज़ा

ये काश दीदः-ए-दरबाँ[1] के बीचों बीच फिरे
नुकीली चूल[2] लगी तेरे जो किवाड़ में है
1 दरबान की आँख 2 लकड़ी

सुकूनत[1] अपनी किधर हो सके कि मज्नूँ तो
पड़ा उजाड़[2] में है कोहकन[3] पहाड़ में है
1 निवास, ठहरना 2 वीराना 3 फ़र्हाद, जिसने पहाड़ काटा था

ये मुझ से कहने लगे एक शख़्स थे जो अकूल[1]
मज़ा जो पूछिए सच मुच तो चूल्हे भाड़ में है
1 बहुत खाने वाला, पेटू

हज़ार तर्ह की फ़िक्रें[1] ख़राब करती हैं
ग़रज़[2] न पूछो कि इन्सान किस लताड़ में है
1 चिंताएँ 2 बस कि

घर आए शोर से दल-बादल[1] आज देख 'इन्शा'
कि बे-तरह[2] से फँसी बर्क़[3] भीड़-भाड़ में है
1 घने बादल 2 बुरी तरह 3 बिजली

❁

मत हाथ उठा अपने तू बिस्मिल[1] के गुलू[2] से
ता आब-ए-दम-ए-तेग़[3] लब-ए-ज़ख़्म[4] तो चूसे

1 जख़्मी 2 गले 3 तल्वार की धार 4 ज़ख़्म के होंठ

तार-ए-रग-ए-गुल[1] भी न मयस्सर[2] हो तो जर्राह[3]
बाज़ आइए चाक-ए-दिल[4]-ए-बुलबुल के रफ़ू से

1 जीवन-तंतु का तार 2 उपलब्ध 3 पुराने ज़माने का सर्जन 4 बुलबुल के दिल का ज़ख़्म

तू साया-फ़गन[1] होवे तो जूँ सर्व-ए-चराग़ाँ[2]
ज़ाहिर यद-ए-बैज़ा[3] हो मिरे हर सर-ए-मू[4] से

1 साया करना 2 चराग़ों से जगमगाता पेड़ 3 चमकता हुआ हाथ 4 बाल के सिरे

तुम तुम ये तराने के से क्या बोल हैं साहब
नफ़रत जो मुझे तुमसे है सो वो नहीं तू से

'इन्शा' जो ये है रेख़्ता-गोई[1] की इ'मारत
तू इसमें लगा और फ़साहत[2] के मजूसे[3]

1 रेख़्ता में शाइ'री करना 2 सुंदर शब्द-संयोजन 3 मज़बूती के लिए लकड़ी या बल्ली लगाना

❀

मा'लूम नहीं रूठे है किस आइना-रू[1] से
पानी जो उतरता नहीं ग़ुन्चों[2] के गुलू[3] से

1 आईने जैसे चेहरा वाला 2 कलियाँ 3 गला

क्योंकर[1] न लिपट जाऊँ सुराही के गुलू से
बैअ'त[2] मुझे फिर ताज़ः हुई दस्त-ए-सुबू[2] से

1 किस तरह 2 किसी के हाथ पर हाथ रख कर अनुयायी बनने का प्रण करना 3 सुराही का हाथ

नासेह[1] मुझे मत छेड़ कि रखता नहीं हर्गिज़[2]
कुछ चाक-ए-गरेबान-ए-सहर[3] काम रफ़ू से

1 उपदेशक 2 कभी भी 3 सुब्ह के गरेबान का फटना / सुब्ह होना

उ'क़्बा[1] की भी कुछ फ़िक्र[2] है इन्सान को लाज़िम
मुर्ग़ी की तरह बैठ के अंडे ही न तू से

1 परलोक 2 चिंता

है इ'श्क़ की वो राह कि अब जिसकी बदौलत
हैं बढ़ चले चेले कई इक अपने गुरू से

❁

चैन आवे न क्यों ऐसे परीज़ाद[1] की बू से
बिन माँगे दिए जिनने मुझ आन के बोसे[2]

1 परी 2 चुंबन

अब बीच के लोगों की तो क्या चाहिए मिन्नत[1]
दिल हमने दिया था सो उन्हीं के तो भरोसे

1 याचना, विनती

मा'क़ूल[1] चे-ख़ुश[2] वाछड़े[3] इन्साफ़ की ख़ूबी
जो शख़्स[4] दुआ'एँ तुझे दे तू उसे कोसे

1 बहुत ठीक 2 बहुत ख़ूब 3 वाह वाह 4 व्यक्ति

क्यों किस लिए किस वास्ते आजुर्दगी[1] इतनी
बिल्लाह[2] कि तंग आए हैं हम आपकी ख़ू[3] से

1 दुख 2 ख़ुदा की क़सम 3 स्वभाव

क्या कीजिए बिन बोले रहा तो नहीं जाता
अल्लाह कहाँ तक कोई इस दिल को मसोसे

शीशे[1] न हों दस बीस तो मस्तों की तसल्ली
साक़ी कोई होती है भला एक से दो से

1 शराब की सुराहियाँ

❁

हो तौबा-शिकन[1] आज दिला[2] तू सर-ए-नौ[3] से
कपड़ों प छिड़क मय[4] को उड़ा शम्अ' की लौ से

1 तौबा तोड़ने वाला 2 ऐ दिल 3 नए सिरे से 4 शराब

है आ'शिक़-ए-सादिक़[1] ये तिरा एक बहादुर
दस बीस तो क्या चीज़ वो डरता नहीं सौ से

1 सच्चा प्रेमी

इक बोसे[1] प दिल तुझको लगा देते हैं हम यूँ
जैसे मुतमत्ते'[2] हो कोई माल-ए-गिरो[3] से

1 चुंबन 2 लाभान्वित 3 गिरवी रखा हुआ माल

कर बैठे वहीं फ़ज़्ल-ए-ख़ुदा-साज़[1] प तकिया[2]
जब बन न पड़ी बात कुछ अपनी तग-ओ-दौ[3] से

1 ईश्वर-कृपा 2 भरोसा 3 भाग-दौड, प्रयत्न

जान अह्ल-ए-तवक्कुल[1] उन्हीं अशख़ास[2] को जो हैं
गहज़ूज़[3] पियाज़-ओ-नगक-ओ-गिर्दा-ए-जौ[4] से

1 संतोषी 2 लोगों 3 मज़ा लेना 4 जौ की रोटी

अफ़्वाज-ए-गुल-ओ-लाल:[1] में है ज़लज़ला[2] 'इन्शा'
इस बाद-ए-बहारी[3] की सवारी के जिलौ[4] से

1 फूलों की फ़ौज 2 भूकंप 3 बहार की हवा 4 साथ होना

ये नहीं बर्क़, इक फ़रंगी है
रा'द-ओ-बाराँ[1] क़ुशून-ए-जंगी[2] है

1 बिजली का कड़कना और बारिश 2 जंगी फ़ौज

कोई दुनिया से क्या भला माँगे
वो तो बेचारी आप नंगी है

वाह दिल्ली की मस्जिद-ए-जामे'[1]
जिस में बुर्राक़[2] फ़र्श-ए-संगी[3] है

1 जामा मस्जिद 2 सफ़ेद 3 पत्थर का फ़र्श

हौसला है फ़राख़[1] रिन्दों[2] का
ख़र्च की पर बहुत सी तंगी है

1 बड़ा 2 शराब पीने वाले

लग गए ऐ'ब[1] सारे उस के साथ
यूँ कहा जिस को मर्द बंगी[2] है

1 दोष 2 भाँग पीने वाला

डरो वहशत के धूम-धाम से तुम
वो तो इक देवनी दबंगी है

जोगी जी साहब आपकी भी वाह
धर्म मूरत अजब कुढंगी है

आप ही आप है पुकार उठता
दिल भी जैसे घड़ी फ़रंगी है

चश्म-ए-बद-दूर शैख़-जी साहब
क्या इज़ार[1] आप की उटंगी है

1 पाजामा

शैख़-सा'दी-ए-वक़्त[1] है 'इन्शा'
तू 'अबू बक्र-सा'द-ए-ज़ंगी[2] है

1 अपने समय का शैख़ सा'दी (मशहूर फ़ारसी शाइ'र)

2 शीराज़ का बादशाह जो शैख़ सा'दी को सम्मान देता था

शब[1] ख़्वाब में देखा था मज्नूँ को कहीं अपने
दिल से जो कराह उट्ठी लैला को लिया तप[2] ने
1 रात 2 बुख़ार

है जिन्स-ए-परी[1] सा कुछ आदम[2] तो नहीं अस्लन
इक आग लगा दी है इस अमरद-ए-ख़ुश-गप[3] ने
1 परियों में से 2 इन्सान 3 अच्छी बातें करने वाला नौजवान

हर अम्र[1] में दुनिया के मौजूद[2] जिधर देखो
आदम को किया हैराँ[3] शैतान की लप-झप ने
1 चीज़, काम 2 उपस्थित 3 आश्चर्यचकित

गर्मी से मिरे दिल की इस मौसम-ए-सर्मा[1] में
ये गुम्बद-ए-गर्दूं[2] भी यकबार लगा तपने
1 सर्दी 2 आस्मान का गुम्बद

है हम से भी हो सकता जो कुछ न किया होगा
मज्नूँ से जफ़ा-कश[1] ने फ़र्हाद से सर-खप ने
1 कड़ी मेहनत करने वाला

चल हट भी परे बिजली दल बादलों को ले कर
दहला है दिया तेरी तल्वारों की शप-शप ने
कब तक न कराहूँ मैं नाला[1] न भरूँ क्योंकर[2]
मैं क्या करूँ ऐ 'इन्शा' अब जी ही लगा खपने
1 रोना 2 किस तरह

टुक आँख मिलाते ही किया काम हमारा
तुम पर यह ग़ज़ब पूछते हो नाम हमारा

तुमने तो नहीं, ख़ैर, ये फ़रमाइए[1] बारे
फिर किन ने लिया राहत-ओ-आराम हमारा

1 कहिए के लिए सम्मान-सूचक शब्द

मैंने जो कहा 'आइए मुझ पास' तो बोले
'क्यों, किस लिए, किस वास्ते, क्या काम हमारा?'

रखते हैं कहीं पाँव तो पड़ते हैं कहीं और
साक़ी तू ज़रा हाथ तो ले थाम हमारा

टुक देख इधर ग़ौर कर इन्साफ़ ये है, वाह
हो जुर्म-ओ-गुनह[1] ग़ैर[2] से और नाम हमारा

1 अपराध-पाप 2 रक़ीब / मा'शूक़ का अन्य आ'शिक़

बेताबि-ए-दिल के सबब इस शोख़[1] तक 'इन्शा'
पहुँचे है बिला-वास्ता[2] पैग़ाम[3] हमारा

1 चंचल मा'शूक़ 2 सीधा 3 संदेश

❁

अगर हमारे करे कोई बन्द-बन्द[1] जुदा[2]
तो ये क़ुबूल[3] न हो, हो वो ख़ुद-पसन्द[4] जुदा
1 शरीर का हर जोड़ 2 अलग 3 स्वीकार 4 आत्म-मुग्ध

धर से आ के दिखाई तुझे मैं दूँ, कि तिरे
दरीचे बन्द जुदा हैं, झरोके बन्द जुदा

मिरी और उसकी ये सोहबत[1] हुई ब-रोज़-ओ-विदाअ'[2]
कि दर्दमन्द[3] से हो जैसे दर्दमन्द जुदा
1 साथ 2 बिछड़ने का दिन 3 दुखी

रक़ीब ने तो मिरी जान भी खपा डाली
ख़ुदा करे कहीं हो तुझ से ये लवन्द[1] जुदा
1 बदमाश

न कह तो शेख़[1] मुझे 'जुह्द[2] सीख, मस्ती छोड़'
तिरी पसन्द जुदा है, मिरी पसन्द जुदा
1 धर्मगुरू 2 संयम

दुहाई देते हैं आशिक़ जो तेरे कूचे[1] में
फ़ुग़ाँ[2] बुलन्द[3] जुदा हाथ हैं बुलन्द जुदा
1 गली 2 रोना 3 ऊँचा

नमक-फ़िशाँ[1] है मिरे ज़ख़्म दिल पर ऐ 'इन्शा'
सभों के ता'ने जुदा नासिहों[2] के पन्द[3] जुदा
1 नमक छिड़कते हुए 2 उपदेशकों 3 उपदेशक

❁

ज़ाहिद[1] मेरे मौला[2] के अस्रार नहीं पाता
ग़ाफ़िल[4] उसे क्या पावे हुशियार नहीं पाता

1 धर्म परायण व्यक्ति 2 मालिक, ख़ुदा 3 रहस्य 4 अज्ञानी

हर-चन्द[1] कि तेवर तो लड़ जाएँ हैं आपस में
पर अपना कुछ अगला सा मैं यार नहीं पाता

1 यद्दपि

ख़ूँ करने प हूँ अपना हाथों से तिरे है है
पर क्या करूँ उस दम मैं तल्वार नहीं पाता

चलने को तो हाज़िर[1] हूँ मैं वादि-ए-वहशत[2] में
याँ क़ाफ़िला पर कोई तैयार नहीं पाता

1 तय्यार 2 वीराना

ऐ हज़रत-ए-दिल[1] तुझमें इक लहर तो है उसकी
पर तुझ को नशे में कुछ सरशार[2] नहीं पाता

1 श्रीमान दिल 2 पूरी तरह मस्त

गो रूप बदलता है हर रोज़ नए ‘इन्शा’
मोहब्बत में कभी उसकी पर बार नहीं पाता

मुद्दत[1] के बा'द आए नज़र ख़ैर-ओ-आ'फ़ियत[2]
कहिए मिज़ाज[3] की तो ख़ैर ख़ैर-ओ-आ'फ़ियत

1 बहुत दिन 2 कुशल-मंगल 3 हालचाल

गर निकहत-ए-बहार[1] से मिल जाए पूछियो
मेरी तरफ़ से बाद-ए-सहर[2] ख़ैर-ओ-आ'फ़ियत

1 बहार की ख़ुश्बू 2 सुब्ह की हवा

औसाफ़[1] हैं ज़ियादः-ज़े-हद[2] अपनी आह में
लेकिन जो पूछिए तो असर, ख़ैर-ओ-आ'फ़ियत

1 अच्छाइयाँ 2 हद से ज़ियादा

ए अहल-ए-दर्द[1] हस्रत-ओ-अरमाँ[2] के जौर[3] से
की रात किस तरह से बसर[4] ख़ैर-ओ-आ'फ़ियत

1 दर्द रखने वाले लोग 2 अधूरी कामनाएँ और अरमान 3 अत्याचार 4 बिताना

अल्लाह क्या सुरूर[1] हो 'इन्शा' से बज़्म[2] में
इक बार यार पूछिए गर ख़ैर-ओ-आ'फ़ियत

1 नशा, ख़ुशी 2 महफ़िल

क्यों म्याँ बुलन्द-रुत्बा[1] सर-ए-राह[2] के दरख़्त[3]
हैं कैसे साय:दार मिरी आह के दरख़्त
1 ऊँचे पद वाले 2 रास्ते में लगा 3 पेड़

जो छोटे-छोटे पौदा लगाए थे ख़ैर[1] से
नाम-ए-ख़ुदा[3] हुए वो सर-ए-राह के दरख़्त
1 सकुशल 2 ख़ुदा की कृपा से

क्यों चत्रदार[1] साय: हो उनका न ऐ नसीम[2]
बोए हुए जो होवें किसी शाह के दरख़्त
1 छतरी वाला 2 हवा

उल्फ़त[1] न किस तरह से बहम[2] हो कि हम ग़रीब
अल्लाह के फ़क़ीर, ये अल्लाह के दरख़्त
1 प्रेम, स्नेह 2 प्राप्त

'इन्शा' ग़ज़ल ये मैंने पढ़ी जिस मकान पर
वाँ से भरे-भतूले[1] उगे वाह के दरख़्त
1 छतनार

❀

तुझसे यूँ यक बार तोडूँ किस तरह
मैं क़दम तेरे ये छोडूँ किस तरह

घर से बाहर तो न निकला ता-हुनूज़[1]
तेरे दर पर सर न फोडूँ किस तरह
1 अब तक

मय[1] से ताइब[2] था व लेकिन आज पी
हाथ लग जावे तो छोडूँ किस तरह
1 शराब 2 किसी काम को छोड़ना

आब्रू-ए-अब्र[1] याँ मन्ज़ूर है
आह मैं दामन निचोडूँ किस तरह
1 बदल का सम्मान

साफ़ दिल क्यों कर करूँ तुझ से भला
टूटी उल्फ़त[1] भर के जोडूँ किस तरह
1 मोहब्बत

शौक़ से तू हाथ को मेरे मरोड़
मैं तिरा पन्जा मरोडूँ किस तरह

वक़्त बोसे[1] के ये 'इन्शा' से कहा
तुझसे मैं मुंह फिर न मोडूँ किस तरह
1 चुंबन

❀

क्या भला शेख़ जी थे दैर[1] में थोड़े पत्थर
कि चले का'बे के तुम देखने रोड़े पत्थर
1 मंदिर

ऐ बसा[1] कुहनः[2] इ'मारत-ए-मक़ाबिर[3] जिन के
लोगों ने चोब-ओ-चिगिल[3] के लिए तोड़े पत्थर
1 बहुत 2 पुराना / पुरानी 3 समाधियों की इ'मारत 4 निर्माण कार्य का सामान

जाओ ऐ शेख़-ओ-बरहमन हरम-ओ-दैर[1] को तुम
भाई बेज़ार[2] हैं हम, हम ने ये छोड़े पत्थर
1 मस्जिद-मंदिर 2 ऊबे हुए

कभी दिलहा-ए-बुताँ[1] मुझसे पसीजें ऐ अश्क[2]
तो ये हम जानें कि बस तूने निचोड़े पत्थर
1 मा'शूक़ों के दिल 2 आँसू

कोस बैठें फ़ुक़रा[1] अह्ल-ए-दुवल[2] को तो अभी
उनके हाथी हों पहाड़ और ये घोड़े पत्थर
1 भिखारी, साधू-संत 2 धनवान लोग

न हँसा मैं जो हँसाने से शब उन के तो कहा
तुझे क़ुर्बान[1] करूँ हाए निगोड़े पत्थर
1 बलि चढ़ाना

माँगा जो मैंने बोसा[1] उनसे चमन के अंदर
बोले कि याँ नहीं चल मच्छी भवन[2] के अंदर

1 चुंबन 2 लखनऊ की मश्हूर इ'मारत

जो चाहो तुम सो कह लो चुपचाप हैं हम ऐसे
गोया[1] ज़बाँ नहीं है अपने दहन[2] के अंदर

1 जैसे 2 मुंह

क्या घात की जगह है चुनए[1] के झाड़ नीचे
मेंहदी की टट्टियों के ओझल चमन के अंदर

1 चम्बे

गुल[1] से ज़ियादा नाज़ुक[2] जो दिलबरान-ए-रा'ना[3]
हैं बे-कली[4] में शबनम[5] के पैरहन[6] के अंदर

1 फूल 2 कोमल 3 सुंदर मा'शूक़ 4 बेचैनी 5 ओस 6 लिबास

है मुझको ये तअ'ज्जुब[1] सोवेंगे पाँव फैला
ये रंग गोरे-गोरे क्यों कर कफ़न के अंदर

1 आश्चर्य

यूँ बोलता कहे है सुनते हो मीर 'इन्शा'
हैं तुर्फ़ा[1] हम मुसाफ़िर अपने वतन के अंदर

1 अजीब

❀

कहते हो तुम तू दम ले परे हट अभी नहीं
और आ न जावे कोई मिरे जी में जी नहीं

हाँ हाँ है सब से और हमीं से नहीं सो क्यों
क्योंकर[1] नहीं नहीं नहीं क्यों ऐसे जी नहीं

1 किस तरह

गर यार मय[1] पिलाए तो फिर क्यों न पीजिए
ज़ाहिद[2] नहीं, मैं शेख़[3] नहीं, कुछ वली[4] नहीं

1 शराब 2 धर्म पराध 3 धर्म गुरू 4 सिद्ध संत

देते हो गालियाँ मुझे इन्साफ़ तो करो
लाइक़[1] तो ऐसी बातों के बन्दे की ज़ी[2] नहीं

1 योग्य 2 हैसियत, शान

ग़ुस्से में जो कहा कि किया तर्क-ए-इ'श्क़[1] ख़ैर
कुछ मत ख़याल कीजियो हर्गिज़[2] अजी नहीं

1 प्रेम-त्याग 2 कभी नहीं

मैंने कहा कि आइएगा मेरे पास कब
बोले नहीं नहीं नहीं हर्गिज़ कभी नहीं

इस मुंह से हाँ सुनी न कभी मैंने क्या करूँ
मारे ही डालती है ग़रज़[1] आप की नहीं

1 बस ये कि

ज़र्रा सी बात पर रहे 'इन्शा' से तुम ख़फ़ा
क्या जाने क्या बला है तू कुछ आदमी नहीं

❀

गाहे गाहे जो इधर आप करम करते हैं
वूँहीं उठ जाते हैं ये और सितम करते हैं

जी न लग जाए कहीं तुझ से इसी वास्ते[1] बस
रफ़्तः-रफ़्तः[2] तिरे हम मिलने को कम करते हैं

1 लिए 2 धीरे-धीरे

वाक़ई'[1] यूँ तो ज़रा देखियो सुब्हानल्लाह[2]
तेरे दिखलाने को हम चश्म[3] प नम करते हैं

1 वास्तव में 2 अल्लाह की प्रशंसा का शब्द 3 आँख

इ'श्क़ में शर्म कहाँ नासेह-ए-मुश्फ़िक़[1] ये बजा[2]
आप को क्या है जो इस बात का ग़म करते हैं

1 दयालू उपदेशक 2 ठीक

गालियाँ खाने को इस शोख़[1] से मिलते हैं हाँ
कोई करता नहीं जो काम सो हम करते हैं

1 चंचल मा'शूक़

हैं तलबगार[1] मोहब्बत के मियाँ जो अश्ख़ास[2]
वो भला कब तलब-ए-दाम-ओ-दिरम[3] करते हैं

1 इच्छुक 2 लोग 3 धन दौलत की इच्छा

ऐ'न[1] मस्ती में हमें दीद-ए-फ़ना[2] है 'इन्शा'
आँख जब मूँदते हैं सैर-ए-अ'दम[3] करते हैं

1 ठीक 2 नश्वरता का दर्शन 3 नश्वरता की सैर

कल भी महफ़िल से तिरी हम न टले बैठ गए
बोले 'उठ उठ' सभी याँ तक कि गले बैठ गए

रूठ कर उट्ठे गली से तिरी लेकिन सौ बार
हो के हम रू-ब-फ़िदा[1] टुक जो चले बैठ गए
1 पीछे मुड़ कर देरखना

है तो वो शो'लः-ए-बर्क़[1] आह कि कद लाखों जिस से
ख़िर्मन-ए-सब्र[2] के अम्बार[3] जले बैठ गए
1 बिजली की चमक 2 धैर्य के ठिकाने 3 ढेरों

चाल अपनी तो ये है रात को उठ सौ सौ बार
होंठ अपने तिरे तल्वों से मले बैठ गए

कह दिला[1] और ब-तब्दील-ए-क़वाफ़ी[2] एक ग़ज़ल
क़ाफ़िए उसके भी दिलचस्प हैं ले बैठ गए
1 ऐ दिल 2 क़ाफ़िये बदल कर

आज 'इन्शा' की बड़ी ख़ैर हुई ग़ुस्से में आप
ले के तल्वार तो उट्ठे थे वले[1] बैठ गए
1 लेकिन

BOOKS

रेख़्ता बुक्स के प्रकाशन

देवनागरी

1. क़श्क़ा खींचा दैर में बैठा	फ़रहत एहसास
2. अब मैं अक्सर मैं नहीं रहता	अनवर शुऊ'र
3. मौसम इतना सर्द नहीं था	ज़ुल्फ़िक़ार आ'दिल
4. खिड़की तो मैंने खोल ही ली	शारिक़ कैफ़ी
5. ग़ज़ल उसने छेड़ी (खंड 1,2,3,4,5,6)	संकलनः फ़रहत एहसास
6. गुलदस्ता-ए-क़व्वाली (खंड 1,2)	संकलनः सुमन मिश्र
7. सुब्ह-ब-ख़ैर ज़िन्दगी	अमीर इमाम
8. अकेलेपन की इन्तिहा	जमाल एहसानी
9. सभी रंग तुम्हारे निकले	सालिम सलीम
10. तिरी सदा का इन्तिज़ार	ख़लीलुर्रहमान आ'ज़मी
11. इक शाम तुम्हारे हिस्से की	काशिफ़ ग़ाइर
12. रौशनी जारी करो	मनीष शुक्ला
13. लिफ़ाफ़े में रौशनी	मोहम्मद अ'ल्वी
14. होशियारी दिल-ए-नादान बहुत करता है	इ'रफ़ान सिद्दीक़ी
15. मिट्टी की सुंदरता देखो	सर्वत हुसैन
16. रेख़्ता उर्दू लर्निंग गाइड (अंग्रेज़ी, हिन्दी)	प्रो० अब्दुर रशीद
17. आख़िरी इ'श्क़ सबसे पहले किया	नो'मान शौक़
18. शाम के बा'द कुछ नहीं	शाहीन अ'ब्बास
19. गुलशन (उर्दू, देवनागरी)	मुज़्तर ख़ैराबादी
20. मोहब्बत जब नहीं होगी	आफ़्ताब हुसैन
21. किताब गुमराह कर रही है	शहराम सरमदी
22. जिस्म का बर्तन सर्द पड़ा है	अमीर हमज़ा साक़िब
23. ग़ज़ल का शोर	ज़फ़र इक़बाल
24. क़ाफ़िला-ए-नौ-बहार	संकलनः विकास शर्मा 'राज़'

25. मौजूद की निस्बत से	महेन्द्र कुमार सानी
26. दुख नए कपड़े बदल कर	शारिक़ कैफ़ी
27. लफ़्ज महफ़ूज़ कर लिए जाएँ	आ'सिम वास्ती
28. मोहब्बत करके देखो ना...	फ़रहत एहसास
29. उदासी बाल खोले सो रही है	नासिर काज़मी
30. मुझ पर मेरा साया पड़ गया	भारत भूषण पंत
31. रेख़्ता के ज़ौक़	संकलनः फ़रहत एहसास
32. रेख़्ता के दाग़	संकलनः फ़रहत एहसास
33. इ'श्क़	मोई'द रशीदी
34. फिर मुझे नींद आ गई	रईस फ़रोग़
35. हिज्र की दूसरी दवा	फ़हमी बदायूनी
36. 100 शाइ'र 100 ग़ज़लें	संकलनः फ़रहत एहसास
37. उदास लोगों का होना बहुत ज़रूरी है	तर्कश प्रदीप
38. रेख़्ता के नज़ीर	संकलनः फ़रहत एहसास
39. लॉकडाउन के दौरान मौत का ज़िन्दगी-नामा	प्रज्ञा शर्मा
40. गंजे फ़रिश्ते	सआ'दत हसन मंटो
41. मौत की किताब (नॉवेल)	ख़ालिद जावेद
42. सूरजमुखी का फूल	दिलावर अ'ली आज़र
43. ख़ामुशी रास्ता निकालेगी	धीरेन्द्र सिंह फ़य्याज़
44. रेख़्ता के मोमिन	संकलनः फ़रहत एहसास
45. रेख़्ता के आतिश	संकलनः फ़रहत एहसास
46. हमसे क्या हो सका मोहब्बत में	फ़िराक़ गोरखपुरी
47. शीशा-घर में तोड़-फोड़	संकलन: डॉ. मज़हर अहमद
48. रेख़्ता के इन्शा	संकलनः फ़रहत एहसास
49. अगर मैं शे'र न कहता	अ'ब्बास ताबिश
50. नुमाइन्दा कहानियाँ मंटो	सआ'दत हसन मंटो
51. नुमाइन्दा कहानियाँ प्रेमचंद	प्रेमचंद
52. नुमाइन्दा कहानियाँ राजिंदर सिंह बेदी	राजिंदर सिंह बेदी
53. उलट-पुलट का रोज़नामचा	पतरस बुख़ारी
54. नुमाइन्दा कहानियाँ कृष्ण चंदर	कृष्ण चंदर

55. उर्दू की प्रसिद्ध कहानियाँ	संकलनः राहुल झा
56. रंगों की मनमानी	वसीम नादिर
57. एक दिया और एक फूल	इ'शरत आफ़रीन

उर्दू

1. औराक़-ए-ख़िज़ानी	अहमद मुश्ताक़
2. आख़िरी पहर की दस्तक	शमीम हनफ़ी
3. वाहिमा वजूद का	सालिम सलीम
4. गुलशन	मुज़्तर ख़ैराबादी
5. आख़िरी किनारे पर	मोई'द रशीदी

अंग्रेज़ी

1. दीवान-ए-ग़ालिब : सरीर-ए-ख़ामा	नजीब जंग
2. लव लॉन्गिंग लॉस इन उर्दू पोएट्री	संजीव सराफ़

संपर्क

रेख़्ता फ़ाउन्डेशन
बी-37, सेक्टर – 1
नोएडा, यू.पी. – 201301

हमारी पुस्तकें **rekhtabooks.com** और **amazon** पर भी उपलब्ध हैं।